高等教育评价标准研究

邵东春　杜　英　著

吉林科学技术出版社

图书在版编目（CIP）数据

高等教育评价标准研究 / 邵东春，杜英著． -- 长春：
吉林科学技术出版社，2020.10
　ISBN 978-7-5578-7546-6

　Ⅰ．①高… Ⅱ．①邵… ②杜… Ⅲ．①高等教育－教
育质量－评价标准－研究－中国 Ⅳ．① G649.21

　中国版本图书馆 CIP 数据核字 (2020) 第 200263 号

高等教育评价标准研究

著　　者	邵东春　杜　英	
出 版 人	宛　霞	
责任编辑	汪雪君	
封面设计	薛一婷	
制　　版	长春美印图文设计有限公司	
开　　本	16	
字　　数	210 千字	
印　　张	9.5	
版　　次	2020 年 10 月第 1 版	
印　　次	2020 年 10 月第 1 次印刷	
出　　版	吉林科学技术出版社	
发　　行	吉林科学技术出版社	
地　　址	长春净月高新区福祉大路 5788 号出版大厦 A 座	
邮　　编	130118	

发行部电话 / 传真 　0431—81629529　　　81629530　　、81629531
　　　　　　　　　　　　　 81629532　　　81629533　　　81629534

储运部电话 　0431—86059116

编辑部电话 　0431—81629520

印　　刷	北京宝莲鸿图科技有限公司	
书　　号	ISBN 978-7-5578-7546-6	
定　　价	40.00 元	

版权所有　翻印必究　举报电话：0431—81629508

前　言

　　近年来，我国教育事业获得了长足发展，这不仅得益于国家政治、经济和文化等方面全方位的进步与提升，得益于教育管理工作者日益成熟的管理理念与不断提升的管理水平，更得益于政府、教育行政部门和广大教育工作者积极推行的广泛而深入的教育改革。改革不仅需要顶层设计，还需要基层创新，更需要执行与落实，需要不偏不倚且强有力的贯彻实施，绝不能流于口头与形式；改革是一项需要投入大量人力、物力与财力的行动，不能没有成效；改革与保守相对立，改革需要冲破一切安于现状的东西，必须充满激励与约束。对于改革前固有的问题，评价机制能予以有效解决。教育评价体现了一定的改革思想与发展方向，它能起到指导与纠偏作用；教育评价通过激励使思想得以解放，使行为具有力度，使结果具有成效。正因为如此，教育评价深受政府、教育行政部门及各级各类学校所重视，已经成为激励教育改革、规范办学行为、促进教育发展的重要策略，为我国教育事业的发展发挥了巨大的作用。教育评价是一项复杂的系统工程。教育评价具有较强的理论性，它承载着某种教育思想，蕴含着一定的管理理论，包含着改革理念及评价自身的一系列理论；教育评价更具有实践性，它必须充分考虑到现实，必须切合实际需要，必须在实践的环境中行之有效。可以说，教育评价是理论与实践的集合体，因此，教育评价必须在理论传承、理念创新的基础上，与时俱进地充分考虑院校管理与改革实践，考虑评价对象与评价领域的不同，考虑政策策略与具体发展要求。教育评价需要不断反思，不断改进与完善，唯有如此，方能发挥教育评价的最大功能，方能达成院校管理与改革的最初目标。

　　本书首先概述了高等教育评价标准的研究现状和存在的问题，以及研究高等教育评价标准的意义，然后详细分析了高等教育评价、高等教育的第三方评价、高等教育评价标准的价值意义，最后讨论了英、美、日等国的高等教育评价标准以及对我国高等教育评价标准的反思，希望能为从事高等教育评价人员提供些许帮助。

　　由于作者水平和经验的限制，不当之处在所难免，恳切希望广大读者和各位专家予以批评指正，以便今后进一步修改和完善。本书参考了一些同领域专家学者的研究成果，在此衷心地向他们的辛勤劳动表示感谢。

目　录

第一章 相关概念，首先解决"是什么"的问题。

价值是人的意义世界的存在。评价活动是一种把握世界意义、建构价值世界的认识活动。评价标准是应用于评价对象的价值尺度，集中体现了评价认识所遵循的价值准则。评价标准不仅具有行为规范的工具价值，更具有价值生成的理性价值。当前我国高等教育评价实践中对高等学校价值主体地位的忽视，理论研究中对高等教育评价标准价值研究的弱化，使得高等教育评价标准的价值反思研究成为高等教育评价科学化必须直面的问题。

第一节 关于"高等教育评价标准"相关概念的解读

由于哲学界对评价标准的研究与教育界关于高等教育评价标准的研究之间缺乏学科间的内在联系，故从评价标准、教育评价标准、高等教育评价标准三个方面对研究文献和研究内容进行梳理与评述。

一、标准

"标准"在英文中所对应的单词有两个，分别是"standards"和"criteria"，其中，"standards"是指衡量某类事物的固定尺度，强调对所有个体的一致性要求；"criteria"是指评判事物所遵循的基本规则，在这个基本规则下允许个体差异的存在。

"现代大学是一种多元的机构——在若干意义上的多元：它有若干个目标，不是一个；它有若干个权力中心，不是一个；它为若干种顾客服务，不是一种。它不是单一的、统一的社群。"面对政府、社会、高校等多元价值主体，高等教育评价标准如何处理国家、社会对高校的价值需求与大学自主发展的价值需求之间的矛盾？这是制订和选择高等教育评价标准时必须面对和思考的现实问题。

二、评价

评价论是价值论研究的深化。评价论领域的研究成果主要有：1994 年马俊峰从价值论视角所著的《评价活动论》是我国第一本评价论专著；1995 年冯平从心理运作视角所著的《评价论》；而从认识论视角进行研究的主要有陈新汉 1995 年的《评价论导论——认识论的一个新领域》和1997年的《社会评价论——社会群体为主体的评价活动思考》、1998年何萍的《生存与评价》、1999年张理海的《社会评价论》、2005年江传月的《评价的认识本质和真理性》等。这些专著是目前我国评价论研究的主要成果，对（社会）评价标准的定义、来源、价值冲突和价值选择等均有过专章或专节论述，其中李德顺在《价值论》、冯平在《评价论》、马俊峰在《评价活动论》、张理海在《社会评价论》等专著中，或从评价标准本身的合理性，或从评价活动的合理性角度对评价标准的合理性均有较为详尽的论述。

三、评价标准

哲学界关于评价标准及其价值的研究主要集中于价值论和评价论两个领域，研究成果颇丰，为我们研究高等教育评价标准提供了哲学层面的理论支持。与哲学领域相比，教育评价领域对教育评价标准及其价值的研究相对弱化。在高等教育评价领域，国内教育类学术期刊和有关高等教育评价的硕博士论文对高等教育评价标准的价值问题给予了较多地关注。

在价值论领域，1987年弗布罗日克的《价值与评价》、1988年李德顺的《价值论》、1991年袁贵仁的《价值学引论》、1993年王玉栋的《价值哲学新探》、1999年李连科的《价值哲学引论》、2002年刘永富的《价值哲学的新视野》等专著对评价标准均有论述，其中李德顺在《价值论》第七章中对评价标准进行了专章研究。

1. 评价的界定

评价是否是对某种客观对象的认识或反映？不同的哲学派别从各自的价值理论、认识论出发有不同的解释。西方盛行的实证主义和分析学派原则上否认评价是一种认识。他们认为，作为评价研究对象的东西，并不是事实，作为客观对象的价值事实根本不存在。

评价只是为了表达愿望、情感和态度。与之相反，我国和苏联的学者普遍认为评价是一种认识，在此基础上又有几种不同的观点。

2. 评价标准的界定

对评价标准的界定主要有反映论、同一论两种观点。反映论把评价标准看作是对价值标准的"反映"；同一论认为社会评价的标准即社会主体的价值标准。

3. 评价标准的形式

评价标准是一个由表及里的复合体。李德顺认为，评价标准的外在形式和内在形式构成社会评价标准系统。评价标准的外在形式是指法律、法令、制度、规范、契约、政策、规定、计划、指标、条例、规程等这些评价的"章法"，带有外在性、统一性和指令性的特点。社会评价标准的内在形式是指社会的根本思想基础和指导原则，即世界观、方法论、意识形态的理论观点、社会理想等，它们能够最深刻、最全面地反映社会主体的根本利益和需要，因此也是同主体的客观价值标准最接近的意识形态。

陈新汉指出，社会评价标准有潜意识状态和显意识状态。潜意识状态的社会评价标准往往通过传统、风尚、习俗、禁忌等非理性形式表现出来；显意识状态的社会评价标准一般通过规范、契约、条约、政策和法律等理性形式表现出来。作为一个复杂的系统，社会评价标准系统的"软件"是作为内在形式的规范，它的"硬件"是作为外在形式的规则等。

4. 评价标准的特性

（1）主体性。评价主体的知识系统、社会规范意识和价值取向体系主要是以评价标准的形式作用于评价。

（2）客观性。评价标准实质上是人们在自己的价值标准和外部客观现实之间谋求一种具体的、积极的统一所得出的历史结论。

（3）矛盾统一性。由于价值和价值关系本身的特性，评价标准中的矛盾主要表现为主观形式和客观内容、理性和非理性、多样化和统一性、流变性和稳定性的矛盾统一。

5. 评价标准的来源

（1）主体的需要和利益。评价标准是主体利益与各个评价领域中的评价内容相结合的产物，是主体利益在各个评价领域中作为评价标准的具体表现形式，实际上反映了主体的利益标准。

（2）客体的现实本性和规律。价值客体即"价值物"自身发育的成熟程度以及矛盾暴露的程度、价值主体的需要和能力分化发展的水平、价值冲突的显化程度等对评价活动及其结果、对评价所可能达到的精度有着重要的制约作用。

（3）评价实践。评价标准是以作为实践内容的客观价值标准为根据和前提的；客观的价值标准是主体在实践中生存和发展的内在尺度，它与主体的社会存在和需要直接联系。评价标准的形成和变化是随着实践即主体存在和发展的情况而达到的，它是现实地、历史地形成和改变。

6. 评价标准的价值冲突与协调

评价标准的价值冲突是价值判断最根本且最本质的冲突，其实质是价值主体需要和利益的冲突。评价标准的价值冲突主要来源于：价值主体与评价主体的不同一；社会群体主体需要的多样性；社会群体主体的成熟度低；社会评价标准的多向度。

价值冲突的协调是通过评价标准的选择实现的。选择评价标准的实质，就是在主体与对象之间所形成的或可能形成的多种价值关系中，选择与主体的某些需要相联系的价值关系作为评价活动的标准。选择评价标准主要是看哪些标准更合理、更恰当，而不是判定标准的真假。

7. 评价标准的合理性

评价标准的合理性，是对评价标准的一种规范性研究，它不是描述人们实际所进行的评价标准是怎么样，而是从认识论和价值论的层面探讨评价标准应该怎么样，什么样的评价标准才是合理的。

美国哲学家劳丹说："20世纪哲学最棘手的问题之一是合理性问题。"艾耶尔否定价值判断有合理性可言；而更多的哲学家则是从自己的哲学观来寻求价值判断的合理性标准。如尼采提出重估一切价值，价值判断合理性的标准是"权利意志"；拉蒙特把"共同需要"视为价值判断合理性的标准；劳丹把"进步"作为价值判断合理性的标准；人本主义哲学家把"存在"作为价值判断合理性的标准。

国内有关这方面的研究更多的是站在马克思主义的立场上来加以论述。李德顺认为，评价标准是否合理，或者是否具有合理性，归根到底意味着它们是否符合客观规律，是否具有现实的必然性。这里的"客观"和"现实"不仅仅是指客体的客观性和现实性，更是指主体的客观性和现实性。

马俊峰认为，人们面对的各种价值是一种系统性的存在，评价标准作为价值标准的反映，它自身的结构只有与价值标准的结构即需要结构及其变化相契合，与价值运动的规律相契合时才具有合理性和生命力，才能有效地指导人们的选择和行动。

四、教育评价标准

与哲学领域相比，教育评价领域对教育评价标准及其价值的研究相对弱化。尽管出版了诸多评价专著、发表了众多关于评价方面的期刊论文，对教育评价的本质是价值判断也都基本达成了共识，但总体看来，对教育评价标准的研究多集中于定量研究和技术层面，缺乏价值层面的深层次探讨，对教育价值是对谁而言的价值缺乏进一步深入研究。

目前国内关于教育评价研究的专著不可谓不多，如张玉田的《学校教育评价》（1987）、瞿葆奎的教育学文集《教育评价》（1989）、孙绵涛的《教育评价学》（1992）、王汉澜的《教育评价学》（1995）、侯光文的《教育评价概论》（1996）、陈玉琨的《教育评价学》（1999）、刘本固的《教育评价的理论与实践》（2000）等，其中王汉澜在《教育评价学》第二章第一节中对教育评价的构成与价值取向进行了专节研究，但这些论述多集中于教育评价的社会价值层面，却忽视了教育自身发展的价值。

就期刊论文而言，沈玉顺的《制定教育评价的若干方法》、许茂祖的《论教育评价标准》、孙承毅、娄立志的《试论教育价值判断的合理性标准》等论文较为关注教育评价标准中的价值问题，对教育评价中教育的价值主体地位和教育自身的发展价值有过相关论述。

就硕博士论文而言，明确肯定教育评价中教育自身发展价值的主要有：刘志军的博士后出站论文《发展性课程评价研究》、张意忠的硕士论文《教育评价价值取向研究》等。

教育界关于教育价值的冲突有着深入研究，如扈中平的《教育目的论》（2004）第四章专门论述了教育目的中的价值冲突及价值选择。王坤庆的《教育哲学—一种哲学价值论视角的研究》（2006）、王卫东的《现代化进程的教育价值观：西方之鉴与本土之路》（2002）

等专著亦对教育价值进行了详细的论述。

教育界对教育评价标准合理性的研究尚处于起步阶段，仅有若干学者论及，如尹艳秋的《对教育评价本质有关问题的思考》、孙承毅、娄立志的《试论教育价值判断的合理性标准》、阎光才的《教育评价的正当性与批判性评价》等，但并没有对教育评价标准的合理性进行明确界定和深入阐释。

1. 教育评价的界定

由于哲学思想和方法论不同，西方关于教育评价的认识主要有几种代表性的说法：教育评价是衡量实际教育教学效果达到教育目标的程度；教育评价是为决策提供信息从而改进教育活动的过程；教育评价是对教育活动进行价值判断的过程；教育评价是一种价值主体共同建构的过程。与西方不同，我国对教育评价的价值判断本质基本上达成共识，在此基础上由于侧重点不同，又可分为价值判断说、认识说、交往说、决策服务说。

2. 教育评价标准的界定

我国关于教育评价标准的界定主要有价值说、定量说和综合说。价值说认为，教育评价的标准是一定时期人们价值取向的反映，也是人们对教育价值认识的反映，由某种教育模式的价值取向所决定；定量说认为，教育评价的标准是指对所要评价的属性或方面质的临界点在量上的规定，也就是对所要评价属性或方面在量上的具体要求；综合说认为，教育评价标准是对一切教育活动的质量或数量要求的规定。

3. 教育评价的价值取向

国外教育评价经历了开创时期、大发展时期和专业化时期，教育评价的价值取向也随之走过了从社会需要、社会效用为主到人的需要、人的发展为主的价值演变。目前我国教育评价的价值取向研究主要表现为一种静态描述和应然层面的研究，从教育价值的构成要素看主要有统一论和集合论。统一论认为教育评价的价值取向有教育的社会价值和教育的个体价值之分，应然的教育评价的价值取向应该是社会价值和与个体价值的统一，这是目前教育界的主流观点；集合论认为教育评价的价值取向主要有社会的需要、个体的需要和个体集合的需要三种类型，教育评价的标准应该建立在联系社会需要与个体需要的个体集合需要的基础之上。

4. 教育评价标准的合理性

孙承毅、娄立志认为，价值判断合理性的标准在不同的社会层面有着不同的内涵，而其中最基本的标准应当是合目的性和合规律性的尽量统一，其他一切标准都是这一基本标准的具体化形式。

教育价值判断合理性的基本标准也是合目的性和合规律性的统一。阎光才认为，要体现教育的公正，教育评价就不能回避它的道德责任，开展批判性评价。批判性评价在本质上仍没有脱离理性主义的立场，与自由主义更关注个体自由、个体自由权利的平等不同，它更关心社会的民主、个人在社会中地位的平等，特别是社会不利群体的民主诉求。

五、高等教育评价标准

与教育评价方面的专著相比，国内有关高等教育评价的著作和硕博士论文对高等教育评价标准的价值问题给予了较多地关注。高等教育评价领域的著作主要有：陈谟开的《高等教育评价概论》（1988）、许建钺的《高等学校教育鉴定与水平评价》（1992）、陈玉琨的《中国高等教育评价论》（1993）、王致和的《高等学校教育评价》（1995）、许茂祖、张桂花的《高等教育评价理论与方法》（1997）、林正范的《高等教育评价：质量的观点》（2004）等，其中陈谟开在《高等教育评价概论》（1988）比较篇中对苏联、美国、日本、西德和中国的高等教育评价标准进行了详细的比较研究；陈玉琨在《中国高等教育评价论》（1993）中对高等教育评价的目的、教育评价的准则与标准进行了专门论述。博士论文中荀振芳博士的《大学教学评价的价值反思》、张远增博士的《高等教育评价方法研究》、沈志莉博士的《发展性高等教育评价研究》等都对高等教育评价中的教育发展价值进行了明确论述。

关于高等教育评价价值冲突的研究比较有代表性的论述有：伯顿克拉克在《高等教育系统》（1994）第三编中，对高等教育系统中的价值冲突与协调进行了专章研究；田恩舜在其著作《高等教育质量保证模式研究》中，根据政府、高校、社会三方力量的演变对高等教育质量保证模式中的矛盾冲突进行了比较研究；荀振芳、张慧洁、孙莱祥、韩映雄、李守福、胡高、王昕红等有关评价方面的论文对高等教育评价中的价值冲突进行了分析。这些研究为我们理解高等教育评价标准中的价值冲突奠定了一定的理论基础，同时提供了研究的思路。

1. 高等教育评价的界定

高等教育评价作为教育评价的一个特殊领域，具有教育评价的一般特性。国内对高等教育评价的界定，在认同其价值判断的本质属性基础上主要有价值判断说、决策服务说和认识说。价值判断说认为，所谓高等教育评价，是对高等教育的社会价值进行判断的过程，属于教育评价的范畴；决策服务说认为"高等教育评价是以高等教育为对象，依据教育目标，利用一切可利用的评价技术和手段，系统地收集信息，并对其教育效果给予价值上的判断，为做出决策、优化教育提供依据的过程"；认识说认为，高等教育评价过程是人类的一种特殊认识过程。高等教育评价的目的在于认识评价客体，获得有关评价客体的相关信息。高等教育评价是一种认知性活动，认知性是其本质特征。

2. 高等教育评价标准的界定

我国关于高等教育评价标准的界定主要有价值说和认知说。价值说认为，高等教育评价标准，包括高等教育为价值客体时的评价标准以及高等教育作为价值主体时的评价标准；

高等教育评价标准具有多样性和差异性。认知说认为，高等教育评估的原则与标准是从评价主客体双方的高等教育认识中抽象出来的，是建立在主观与客观、主体与客体的高等教育认识基础之上的，在认识论上具有科学性。

3. 高等教育评价标准的价值冲突与协调

在高等教育评价的实践中，由于现实社会制度环境、多元价值主体地位不一致及其利益需求多样性等的影响，高等教育评价标准中存在着诸多的价值冲突，主要表现为：控制与自由的矛盾、公平与效率的矛盾、学术标准与市场标准的矛盾、理性价值与工具价值的矛盾、长远需要与当前需要的矛盾等。

价值冲突的协调是通过评价标准的价值选择实现的。许克毅认为，由于价值标准的选择构成了教育评价的核心问题，实践理性内在地规定了高等教育评价价值标准的选择，为人们思考和赋予高等教育评价的价值依据提供了指南。在价值选择的讨论趋于一种多元意见的状态下，我们只有从实践中检验价值标准应然性的合理性与否。

六、存在问题

通过对以上研究成果与现状的梳理、分析，我们发现目前关于高等教育评价标准的价值研究在研究方法和研究内容方面存在若干不足，这些不足为本书留下了研究空间，同时指明了研究方向。

哲学界关于评价标准及其价值的研究主要集中于价值论和评价论领域，对评价标准或社会评价标准的定义、评价标准的来源、评价标准的价值冲突和价值选择等进行了较为丰富的论述，普遍承认评价是一种与价值问题相关的认识形式，评价标准是评价活动的核心和逻辑前提，但却多以反映论的研究方式界定价值与评价，过于关注评价指标体系的可操作化和评估技术的精致化，对评价标准的价值缺乏深入分析。

相对于价值论、评价论对评价标准及其价值的丰富研究，目前教育评价理论研究中关于教育评价的价值论、认识论等学科的基本理论研究还相当贫乏，尤其是对隐藏在评价对象背后的深层次、规律性的问题，缺少必要的理论支撑，且未从价值生成的层面对教育评价的标准进行深入分析。

虽然教育学界对教育评价的价值判断本质基本达成了共识，但对"教育价值是对谁而言的价值"缺乏深入地研究，多把教育视为无生命意义的客观存在，将教育价值看作是教育系统之外社会的价值，而忽视了教育与人的生命存在的价值意义。受此影响，人们多用预成性的评价标准物化、直观地评价教育的价值，而忽视了教育评价标准对人的自由发展的引导作用。

目前对高等教育评价标准的价值研究尚处于起步阶段，尚未出现关于高等教育评价标准研究的专题研究成果，相关研究散见于教育评价著作的若干章节以及有关教育评价的硕、博士生学位论文和期刊论文中，研究内容多集中于高等教育评价标准的概念、类型、特点等知识性介绍，没有从认识论、价值论等层面研究高等教育评价标准的价值。

一些学者对我国高等教育行政性评价中评价标准的工具理性主义进行了批判与反思，并对高等教育评价标准的价值生成进行了探讨，但是，这些研究或是哲学层面的反思，或是教育评价制度层面的体系建构，缺少哲学与高等教育学二者之间的联系。

反思根植于分析工具和分析操作中的社会无意识和学术无意识，以及那些深深嵌入我们对世界的事实中的假设。反思的实质不是思想内省和思辨操练，而是根植于教育实践并面向教育实践的教育批判和教育建构。生存本体论和评价认识论是对人类理性主义导致的一系列反主体性效应的反思与规范，内在地规定了高等教育评价标准的价值选择，为我们从价值层面理解与研究高等教育评价标准提供了理论支持与反思性的视角。

第二节　高等教育评价标准研究的问题与意义

评价标准是评价活动赖以进行的逻辑前提。评价从本质上说是一种价值判断活动，评价活动的突出特点，它总是根据某种标准进行判断和评判。评价标准如何，直接规定和影响着评价的性质和质量。冯平指出，评价标准是评价论研究的核心问题。评价结论的不同，最主要的原因是评价标准的不同。

一、问题提出

西方高等教育有成熟的学术基础，随着高等教育评价标准由高等教育内部转向高等教育的外部，虽然学术权力受到了某种程度的制约，但传统的学术力量仍显示出了巨大影响，高等教育评价系统仍然以大学的学术力量为主导，新的质量语言也被学者纳入自己的学科文化，而不是完全按照政府和市场的质量概念来度量大学的行为。

我国高等学校缺乏自主发展的学术传统与制度环境，再加上受政治化和市场化的影响，高等学校的主体地位和自身价值长期受到忽视。在高等教育评价实践中，有时人们过多地强调高等教育的社会工具价值，而忽视了高等学校作为自主发展的学术自组织的基本价值主体地位，高等学校失去了参与社会实践的主动权和话语权，高等教育评价标准更多地成为束缚高等学校发展的工具。

目前有关普通高校本科教学工作水平评估的争论归根结底是关于评价标准的争论。20世纪90年代以来我国开展的本科教学评估对于转变政府集权管理职能、规范高校办学、增强高校的社会责任意识有积极促进的作用。经过10余年的发展，本科教学评估工作日渐规范，评价标准日趋完善，但是，由于缺乏对高校作为自主发展的价值主体的认同，评估标准重指标体系的可操作性而对价值理性方面的重视明显不足。

高等教育评价标准研究既是高等教育评价实践研究的重要课题，也是高等教育评价理论研究的难点。虽然目前大家都认同高等教育评价标准是高等教育评价的基础和核心，但同时又似乎回避着对这一问题的深入研究。目前我国尚未出现关于高等教育评价标准的专题研究成果，相关研究多散见于价值论、评价论、教育评价论等著作的若干章节，以及相关硕、博士生学位论文和期刊论文中，研究内容多集中于评价标准的概念、类型、特点、内容等方面，而较少对其背后隐含的价值意义进行深入分析。什么原因使高等教育评价成为教育界研究的热点，人们对高等教育评价标准这个非常重要的问题却如此漠视？怀着这种不解与疑惑，本书拟对高等教育评价标准的价值进行专题研究。

二、研究意义

高等教育评价研究有两个基本的分野，一是高等教育评价的实践研究，二是高等教育评价的理论研究。当前，人们过于注重各种指标体系的科学化和评价技术的精致化，却淡化了对评价活动的意义做更深层次的思考。目前有关高等教育评价的实践虽看似热闹，但多停留于操作层面，这使教育实践主体感到问题存在而不能找到症结所在。本研究深入到高等教育评价标准的价值层面，对高等教育评价标准进行理性反思与价值建构，有助于深化高等教育评价的理论研究。

在我国政府行政性评价主导下，政府集评价权力于一身，习惯于从自身的利益出发，过于强调政府的管理价值和社会的功利价值而忽视高校自主发展的价值，缺乏与高等教育评价的基本价值主体——高校之间的交流与对话，形成了以管理者为中心的评价霸权。本研究是对我国高等教育评价实践中长期形成的以管理者为中心的评价霸权的反思与批判，有助于克服高等教育评价中的管理主义倾向，彰显高等教育评价活动的教育性和发展性价值，防止和克服高等教育价值判断的主观随意性。

高等学校是自主发展的学术自组织，高等教育评价的最终目的是促进高校的完善和发展。高等教育评价不仅是对评价对象的现有价值进行价值判断，还具有引导高校发现价值和创造价值的功能，高等教育评价标准应以高校的主动发展作为其核心价值。本研究有助于增强高校主动发展的意识和能力，使之从依附于政府和市场的被动客体地位，提升为自觉把握教育规律，根据社会发展需要不断主动发展的价值主体。

在教育教学实践的过程中，当推行一套负载着新的期望和要求的标准时，往往会引起一系列的"基于标准的改革"(standards-based reform)或"标准驱动的改革"(standards-driven reform)。反映时代精神和发展要求的评价标准能对教育改革与发展起到积极的推动作用；封闭、落后的评价标准则会引发高校片面追求达标，使高校不能根据其自身的特点和优势正确定位，工作重心偏离正确的发展轨迹。本研究对本科教学工作水平评估标准进行价值解析与价值建构，明确基于大学发展的高等教育评价标准的价值理念，有助于促进本科教学工作水平评估标准的科学化与合理化。

第二章 高等教育评价标准的要素构成

第一节 高等教育评价标准——第三方评价

2011 年教育部在《关于充分发挥职业教育行业指导作用的意见》（教职成〔2011〕6号）中提出：要建立社会、行业、企业、教育行政部门和学校等多方参与，以能力水平和贡献大小为依据的职业教育质量评价体系，逐步建立以行业、企业为主导的职业教育第三方评价机制。2014 年教育部印发的《现代职业教育体系建设规划（2014—2020 年）》（教发〔2014〕6号）中也明确提到：推进职业教育管、办、评分离改革，完善学校、行业、企业、研究机构和其他社会组织共同参与的职业教育质量评价机制，积极支持各类专业组织等第三方机构开展质量评估。很显然第三方评价将成为职业教育评价的发展方向。

一、第三方评价的意义

简单地说第三方评价即第三方开展的评价。但要把握这一概念，还得深入理解"第三方"的内涵以及由此而决定的诸多属性。

第一，从第三方的产生看意义。任何事情的发生都有其特定的施动者和受动者，当涉事双方发生矛盾与纠纷并出现各说各有理而争执不下时，第三方即产生了，这时的第三方也即我们熟知的如中间人、协调机构或司法机关等个人或机构。从这一层面上看，"第三方"在内涵上值得关注以下方面：第三方是针对具体的当事双方而言的；涉事双方处于矛盾状态时第三方即出现；第三方既可以是非专业机构也可以是正式的专业机构；第三方能公平公正地处理涉事双方间的矛盾。将这一内涵迁移至第三方评价我们可得到如下结论：首先第三方是撇开原有"评价"所涉及的双方而言的如教育行政部门与高校或政府部门与高校等；其次，第三方产生于评价双方之间的矛盾，这些矛盾集中体现在评价的可信度、公正客观等方面，如行政部门对高校的评价引起高校对其公平性质疑而产生的不满；再次，评价是一项专业性较强的管理活动，因而第三方评价应由正式的专业机构来执行；最后，第三方成为专业的评价机构，它能公平公正地处理政府部门与高校或教育行政部门与高校之间的矛盾并被涉事方所认可。

第二，从复杂的利益冲突看意义。当现实中复杂的矛盾涉及的利益相关者不只是双方而是多方时，协调矛盾或处理问题的"第三方"就有了新的意义。首先，它不再具有实质的排序意义了，而成为公正公平的代名词并值得信赖；其次，在这一复杂的矛盾中，涉事多方要求第三方介入以公平解决问题；第三，在复杂矛盾涉事多方（或双方）之外另有一公认的第三方，意味着第三方的独立性，它与矛盾涉及的多方毫无利害关系，而且，独立性要求其具有自主性，独立性只是从静态的机构设置上与涉事多方的无关性，自主性则在动态的运行上不受任何一方的干扰，能自行决策与实施。由此我们又可以得到以下结论：首先，教育评价活动涉及的利益相关者是多方的，"第三方"不再具有实指的含义，它的出现即意味着公平公正与信任；其次，从实践来看教育评价的复杂矛盾中有一对主要矛盾，即教育行政或政府部门对高校的评价不能取信于以学生为代表的利益相关者，这一矛盾的出现直接促成第三方评价的产生；第三，在第三方评价中，评价主体究竟是谁，对此许多研究者提出如研究机构、行业企业、社会团体及它们的组合等，笔者认为，不管是谁，体系设置上的独立与决策实施中的自主二者兼顾是其必然条件。

第三，从评价的基本理论看意义。依据评价主体的不同将教育评价分为自我评价和他人评价，以及二者的结合。很显然，第三方评价属于他人评价。然而，他人评价中的"他人"，可以分为有利害关系的他人和毫无利害关系的他人现有教育评价中的"他人"多为前者，而第三方评价中的"他人"属于后者。从评价主客体来看，第三方评价主体即"第三方"，具有第三方特性的团体或机构都有可能成为第三方。从教育部所提出的管、办、评分离原则可知，管理学校的教育行政部门、举办教育的各级政府都不属于第三方评价的主体，否则就无法规避既是运动员又是裁判员的乱象。关于第三方评价的客体，可以是庞大教育体系中的任意一个，如教育行政部门、地方政府、学校、教师等。但在实际评价中，作为社会的重要组织，且具有一定办学自主权并广受公众关注的院校很显然更应成为第三方评价的客体；从评价内容来看，一所学校我们可以从许多不同方面评定其现状、进步与成就，如教育质量、办学水平、学生就业或科研水平等。第三方评价在内容上应关注什么，对此，我们认为不需要有一个统一的答案，这取决于教育的发展阶段、当下社会的关切及评价目标的定位等。就当前来看，高等教育大众化背景下高校的办学质量引起诸多质疑，因而也更值得关注，而就业问题牵涉千家万户，以此为内容对高校进行第三方评价也具有较强的现实意义。

至此，可以对高职教育第三方评价下如此定义：独立于高职教育办学与管理体系之外的专业机构或组织，自主地对高职院校在教育质量、学生就业等方面开展公平公正的教育评价活动，其核心特质是独立自主、专业权威和公平公正。

二、第三方评价的优势

相对现有的评价，第三方评价有着诸多优势。首先，从社会分工来看，第三方评价更专业更高效。当前，我国教育评价已形成一个庞大的评价体系。然而，这些评价活动的实施者和机构大多为临时性的"兼职"，而且常有变动。很显然，非专业、非固定的评价者和机构难以适应现有庞大评价体系的实践需要，严重降低了评价工作效率。将现有评价活动从教育行政与管理系统中剥离开来，交由完全独立、专业的第三方评价机构来实施将能大大提高评价工作效率。首先，从社会分工来看，这样的剥离与独立就是教育体系的一次社会分工，它不仅能适应教育发展的需要而且分工完成后又能进一步促进教育的发展。亚当·斯密（Adam Smith）认为，社会分工的作用在于：第一，劳动者的技巧因业专而日进；第二，由一种工作转到另一种工作，通常需损失不少时间，有了分工，就可以免除这种损失；第三，许多简化劳动和缩减劳动的机械发明，使一个人能够做许多人的工作。由此可见，第三方评价可以因专注于评价而能日臻科学，可以充分利用资源降低成本；兼职、临时的评价活动需要损失不少时间用于工作过渡，如培训等，而第三方评价能极大地节约劳动时间；分工后的第三方评价简化了劳动，从而为评价领域的创新提供了极大可能，因此，第三方评价相对于现有评价能做到更专业也更高效。

其次，从现实需求来看，第三方评价更能满足公众的价值期待。在高等教育大众化阶段，高职教育规模上得到了快速扩张，这引起了社会及公众对教育质量的担忧，人们质疑办学质量的呼声一直不断，因此，准确、清晰地了解当前高职教育办学质量及其提升情况，就成为公众的一大期待。高等教育作为社会公共产品，不再是奢侈品，而成为每个人都须消费的必需品。这样，选择教育产品的群体急剧增大，而供选择的院校在人才培养与办学质量上良莠不齐，在人们本着所花费就应有所得的原则下，急需一个专业权威且可信赖的参考标准以选择最优的专业或院校，这是公众的又一期待。实际上，在现有的高职教育评价体系中，并不缺少对高职质量现状的描述，也不缺少对各高职院校或专业的评价，但问题是这样的评价存在以下固有缺陷而难为公众所信赖：其一，现有的评价多为"自己人"评价，不能做到公平公正；其二，官方的评价最忌讳对评价对象进行"残酷"的排序，因为这样会影响院校间的均衡发展，因此缺乏明确的优劣等次会使公众无从参考；其三，社会公众存在对官方不信任的"惯性"，因此，建立代表社会公众的第三方评价体系能较好地避免这些缺陷而能获得社会公众的认可，从而满足他们对评价的价值期待。

在此，从作用发挥来看，第三方评价使评价功能得到更充分的释放。教育评价自产生之日起就承担着教育管理者所寄予的诸多功能如诊断、激励等。然而，当前的教育评价作用的发挥仍受到诸多制约主要表现在以下几个方面：①以人为本的管理思想贯彻于教育评价这本是适应人性需要的一种进步，但由于认知上的偏差在一定程度上削弱了评价功能的有效发挥，如为照顾评价对象的"尊严"，摒弃"等第"排序，或违背原则式的放行等；②人们一直认为教育评价功能的发挥最终还得依赖于评价对象的自我改进，因此管理者越来越重视评价对象自身开展的自我评价。但遗憾的是，这样的评价即便发现了问题往往也会由于诸多原因而导致问题的改进举措既缺乏力度也没有效率；③评价功能的发挥与赋予评价的"威力"密切相关，也就是依据评价结果对对象进行"奖惩"的力度，力度大评价对象就重视办学行为且高效有力，评价功能就能充分发挥，反之亦然，在现有的办学体系下，出于地方保护，评价的"威力"甚微以至于评价被忽视从而极大地削弱了评价功能。第三方评价不存在这些问题：它能做到客观公正，这是坚持人本思想的更高境界；作为外来力量它能得到评价对象的高度重视，从而确保将评价所要求的改进举措高效地付诸实施；它将院校直接推向市场，公众依据评价结果选择院校或专业，优胜劣汰机制形成，这就赋予了评价巨大"威力"，因此，比起现有的评价，第三方评价的功能可以得到更充分的释放。

　　最后从发现问题来看，第三方评价更能做到跳出教育看教育。教育评价是在一定思想指导下按照特定的评价标准对现实中的教育活动进行价值判断的，其中很重要的一个环节是将教育实践与评价标准进行对照，从中发现问题并提出改进意见。在教育评价中能否发现问题及发现多少问题直接决定着评价意义的实现，在评价实践中发现问题受很多因素影响，如评价标准的可操作性、评价者对标准的理解及对教育实践活动的准确认识，等等。此外还有一个重要因素即评判教育活动的角度。现有的教育评价都是在教育系统内部开展的，这样的评判类似于病人对自身病情的感知尽管这样的感知很重要，但仍不够准确也难做到全面。如果将病人交予医院，就能得到准确的诊断与可靠的结论。在对教育活动进行评价时也同样如此"不识庐山真面目，只缘身在此山中"。对职业教育的认知，过去我们常常就职业教育看职业教育，但是目前国家发展的战略需要职业教育领域的工作者跳出教育来看教育，站在大力提升人才培养支撑经济社会发展能力的角度去看待职业教育。第三方评价即满足了这一需要，它不仅能提供专业的诊断还能从社会的大环境下考虑教育现象、发现教育问题。尽管说现有的教育评价也能做到这点，但远不及从第三方的视角审视得透彻与准确。

三、第三方评价的挑战及其对策

　　当前许多人认为，第三方评价不一定能做到独立自主，也不能保证科学公正，第三方仍然存在成为新的利益相关方的可能。从实践来看，这些担忧不无道理。但如果情况真的"堕落"至此，就不能再称之为"第三方"了，上述诸多优势也就荡然无存，因此应该说，第三方评价的上述优势还只是潜在的，实施第三方评价只是为这些优势转化为实际功效提供了一个更适合的平台。要发挥这一平台的作用，应对实践挑战，还必须做好以下几个方面的工作：

　　首先，必须建立独立自主的评价机制。第三方评价实施主体可由研究机构、社会团体、用人单位等组建，也可由政府主导，但不管如何必须坚持管、办、评分离的原则在机构设置、行使职权、处理关系等方面做到独立自主。为此必须建立起独立自主的运行机制，首先，参与评价的组成人员可来自教育或政府部门，但作为一个独立的机构必须从制度上撇清与教育行政部门、高校及政府部门间的关系做到能自主行使各方面的职责与权力；其次，可引入竞争机制，实现第三方评价市场化，使其接受社会公众的监督，在优胜劣汰的压力下竭力做到排除外界各种干扰，客观公正地开展评价活动；第三，为了避免各高职院校对评价机构的利益渗透，必须制定严格的管理规章制度，一方面鼓励甚至是强制各院校主动参与第三方机构开展的评价，另一方面严格管控可能存在的漏洞，严厉打击院校的违规行为，为第三方评价机构独立自主地开展评价铺平道路；最后，第三方评价机构及其内部也必须制定相应的管理制度，排斥任何利益介入，评价全程公开透明，力求做到规范与自律。

其次，构建科学合理的评价指标体系。第三方评价的专业权威集中体现在评价体系的构建上，要做到科学合理，使评价活动合乎评价理论及教育教学规律，合乎社会公众对评价的价值期待，适应社会发展的需要，唯有如此，才能产生权威效应并发挥评价作用。构建科学合理的评价体系应关注以下几点：①确立正确的评价指导思想，准确定位评价目标，坚持合理的评价原则，这些是确保评价活动正确开展的先决条件，直接影响到评价的成败；②制定科学合理的评价准则，不管是综合性的质量评价还是专项性的就业等方面的评价，评价体系中的每个评价领域和标准都必须经过科学论证，符合教育发展现状且得到社会公众及院校的认可，还要考虑到各院校办学基础上的差异及院校的发展特色等，在行文上尽可能明确、具体；③采用恰当的评价方法，或质性评价或量化评价，或调查访谈或现场查看等，不管怎样必须准确深入了解对象的实质，公正地做出判断；④对评价结果进行汇总、分析并做出最终结论时既要坚持独立自主，又要积极与院校沟通；既要公平公正，又要合情合理，既要肯定成绩，更要明确指出存在的不足并指明改进的方向。

最后，实施第三方评价机构的再评价，即元评价。第三方评价机构不仅要接受来自社会各界的监督，还要以制度的形式将这种监督规范化、常态化，以确保第三方机构运行的质量与效率。元评价是教育评价理论发展的必然产物，是教育评价走向成熟的重要标志。为此必须建立针对第三方评价机构的再评价即元评价体系，以确保第三方评价健康发展。元评价可以政府为主导，以机构认定、工作考核、评价复查等为工作重点，对第三方机构进行全程监控。可建立奖优罚劣甚至是淘汰机制确保第三方机构在竞争中不断改进与提高。在进行元评价实施监督时不可影响第三方机构的独立自主性，应给予它们充分的自治自主权，甚至将独立性作为评价的重要内容。除独立性外第三方机构的专业性、评价过程中的公正性等也应是元评价关注的重点。元评价在欧美等国高等教育中早有实施，美国国家教育部（United States Department of Education）和高等教育质量认证委员会（Council for Higher Education Accreditation）即负责对全美所有第三方认证机构进行评价而欧洲高等教育质量保障委员会（European Association for Quality Assurance in Higher Education）也制定了系统的标准，由其对会员国的第三方认证机构开展评价。欧美高等教育元评价已有完善的体系与成熟的机制，为第三方评价的健康发展做出了重大贡献。

总之，第三方评价作为新生事物，必须予以全面深入认识。第三方评价具有明显优势，同时也存在一定挑战。实施第三方评价必须以发挥优势为立足点，紧紧围绕第三方评价的独立自主、公平公正和专业权威等核心特质开展一系列相关工作。

第二节　近代高等教育评价标准的要素构成——以欧美高等教育元评价为例

在欧美许多国家，高等教育认证机构在确保并提升高等教育质量上发挥着重要作用。与此同时，认证机构自身还得接受资格审查和能力评估，只有通过了审查和评估的机构才具有相应的合法地位和评估资格这种审查与评估也就是我们熟知的元评价。本节尝试着对欧洲和美国高等教育元评价进行分析，以期获取可资借鉴之处。

一、欧美高等教育元评价概况

（一）欧洲高等教育元评价

1999 年，欧洲 29 个国家在意大利博洛尼亚举行会议并通过了《博洛尼亚宣言》，由此博洛尼亚进程（Bologna Process）全面启动，该进程中的一项重要目标即保证欧洲高等教育质量建立统一的欧洲高等教育体系。为实现这一目标，2000 年，欧洲高等教育质量保障网络（European Network for Quality Assurance in Higher Education，ENQA）成立，后改名为欧洲高等教育质量保障协会（European Association for Quality Assurance in Higher Education，缩略词仍沿用 ENQA）。ENQA 的作用在于促进质量保障相关信息与经验的交流，开发质量保障标准、程序和原则，提供咨询，为质量保障活动提供方便，促进质量保障与认证机构实施同行评价等。ENQA 的主要目标在于维持并提升欧洲高等教育质量处于较高水平，充当着推动质量保障机制发展的驱动力。ENQA 采用会员制，必须经过 ENQA 评估，只有符合规定标准或按照这一标准开展认证活动的机构才具有会员资格，这一标准即欧洲高等教育质量保障标准与原则（Standards and Guidelines for Quality Assurance in the European Higher Education Area，ESG）。由此可见，欧洲高等教育质量保障协会即 ENQA 就是高等教育元评价机构，由其对欧洲各国质量保障机构进行评估，通过评估的机构即成为其会员，并有资格对各高校开展质量认证活动。

（二）美国高等教育元评价

在美国，高等教育质量评价围绕着两个环节进行，即"认定"和"认证"，前者是指美国教育部与高等教育认证委员会对相关机构或组织的认证资格进行审查，后者是指获得认证资格的机构或组织对高等院校或项目进行质量评价。这两个层级的评价，构成了美国高等教育质量保障与质量提升的评价体系，其中，美国教育部与高等教育认证委员会对认证机构的资格"认定"，即元评价教育部和认证委员会即元评价机构。美国教育部是官方的，它的活动经费主要是国会向教育部的预算分配，它的认定目的在于确保认证机构向其提供院校和项目接受联邦经费资助的有力依据。高等教育认证委员会是非官方的，它的经费来自其成员上缴的年费，它的认定目的在于确保认证机构能有效促进院校和项目学术质量的提高。目的不同因而评价标准也有所区别，前者关注认证机构在某些特定领域维持一定标准，包括学生成绩、课程、教师、设施、学生服务、资金和管理能力等方面，而后者关注认证机构在提高学术质量、展示责任、鼓励自我改革与改进、决策程序、复查及资源等方面达到一定要求。教育部和认证委员会在认定过程中都遵循着同样的认定程序，即制定标准，认证机构自我评估，实地考察与报告，授予（或不授予）认证资格及定期复查等。复查期限上教育部通常是五年一次，认证委员会至少十年一次，其中在第三年和第六年年底要求认证机构递交一份报告，必要时根据报告内容进行复查。

二、欧美高等教育元评价标准

（一）欧洲高等教育元评价标准

欧洲高等教育质量保障标准与原则是在 ENQA 与欧洲大学委员会（European University Association，EUA）等团体的共同努力下于 2005 年制成的，它详细列出了欧洲高等教育机构内部质量保障、外部质量保障和质量保障机构的质量保障等三套标准与原则。只有达到了第三套标准的机构才能成为质量认证机构，质量认证机构则按照前两套标准对各高等教育机构开展认证活动。第三套标准即元评价标准，具体内容如表 2-1 所示。

表2-1欧洲高等教育元评价标准

评价领域	评价标准
外部质量保障程序	质量保障机构应使用在第二套标准中描述的外部质量保障程序并确保有效。
官方地位	质量保障机构应由欧洲高等教育领域主管当局正式认定为负责外部质量保障机构，应有合法地位，遵循法律要求。
活动	质量保障机构应按照规定的原则从事外部质量保障活动。
资源	质量保障机构应有充足、相当的资源，包括人力和财力资源，使它们能有效地组织并执行外部质量保障程序，并对过程和程序的开发做好准备。
使命陈述	质量保障机构对自身的工作应有清晰、明确的目标，且包含在公开的可以获得的陈述之中。
独立性	质量保障机构应是独立的，它们自觉负责自身的运行，在报告中做出的决定与建议不能受到第三方如高等教育机构、政府部门或其他利益相关者的影响。
外部质量保障准则和过程	质量保障机构使用的过程、标准和程序应先规定好并为公众所能获得，这些过程一般包括：①质量保障机构的评价对象开展自我评价或类似的活动；②质量保障机构组织专家（必要时包括学生）进行外部评价和实地考察；③发布报告，包括所有决定、建议或其他正式结果；④按照报告中所提建议，质量保障机构对评价对象所采取的行动进行后续审查。
责任程序	质量保障机构应为它们自身职责制定适切的程序。

（二）美国高等教育元评价标准

在美国高等教育质量评价体系中，高等教育认证委员会在确保并提升高等教育质量上发挥着重要作用，以下展示的即是其对认证机构的元评价标准（见表2-2）。

表2-2 美国高等教育元评价标准

评价领域	评价标准
提高学术质量	1. 认证机构在院校和项目的使命中对学术质量有清晰的描述； 2. 认证机构制定了决定院校或项目是否符合质量标准的标准或政策； 3. 认证机构的标准或政策应包含对院校或项目的质量预期包括学生学业成就； 4. 院校在设定优先秩序并控制院校或项目构建与运转上，认证机构制定标准或政策关注教育质量； 5. 认证机构制定标准或政策以促进实现期待中的学生学业成绩等。
展现责任	认证机构执行认证标准或政策： 1. 要求院校或项目经常提供关于它们表现的可靠信息给公众，包括院校或项目规定的学生成就； 2. 只关注寻求认证的院校或项目而不延伸至其他事物； 3. 要求院校明确分清已经得到认证的项目与还未经认证的项目； 4. 规定公众代表参与决策或制定政策； 5. 告知公众最终决定授予认证或通过再认证的依据，在否定或撤销时提供详细说明并附有院校或项目的回应； 6. 要求真实及时地回应公众合法的关切和控诉； 7. 要求对认证标准与州或地方管理院校或项目的法律之间的冲突进行适当的磋商以寻求问题解决； 8. 当认证机构从事国际事务时，确保努力与国外官方或非官方质量保障机构开展交流与磋商； 9. 要求标准或政策同等应用于国内外院校或项目； 10. 告知公众关于学位造假和认证造假的后果。
鼓励自我监督、改革与改进	认证机构执行标准或政策： 1. 调院校或项目自我审查和自我分析，按照院校使命做好计划、改革与提升； 2. 院校和项目在怎样组织自身，如何使用资源要求什么样的人员及其他政策以实现学生成就目标等方面具有创新和多样性； 3. 鼓励院校的项目创新或试验； 4. 要求认证机构清晰区分认证必要的行为和改进的行为。
鼓励自我监督、改革与改进	认证机构执行标准或政策： 1. 强调院校或项目自我审查和自我分析，按照院校使命做好计划、改革与提升； 2. 使院校和项目在怎样组织自身，如何使用资源要求什么样的人员及其他政策以实现学生成就目标等方面具有创新和多样性； 3. 鼓励院校的项目创新或试验； 4. 要求认证机构清晰区分认证必要的行为和改进的行为。

评价领域	评价标准
决策程序	认证机构执行标准、政策或程序： 1. 要求高等教育专家和公众参与； 2. 根据院校和项目不同目标与使命对院校和项目开展合理一致的复查； 3. 详述否定或撤销认证的过程并确保公正，告知院校或项目使用的过程和可以采取的行动； 4. 当否定或撤销认证时确保详述、公平的投诉程序，告知院校或项目可采用的投诉程序、依据及其他所有成本，继续当前的认证状态直到提交投诉。
对认证实践的审查	认证机构维持： 1. 批判性的自我审查，当认证机构与院校、项目和公众共同工作时能提高响应性、灵活性和职责； 2. 积极性，以增强对院校或项目服务的效益与效率； 3. 自身对院校和高等教育价值的审查； 4. 在资源许可范围内审查它的标准和程序对院校和项目的影响。
拥有足够资源	1. 认证机构有足够财力、人力和运行资源以有效地履行它的认证功能； 2. 认证机构对支持它的认证使命的能力进行日常审查； 3. 认证机构在服务它的使命上维持独立的权威与能力以利用资源。

三、欧美高等教育元评价的启示

欧美高等教育元评价已有一定历史，且较为成熟，其中有诸多可资借鉴之处。

第一，宏观上的评价机制。欧美高等教育评价中都引入了元评价机制，通过对质量认证机构资质的认定与能力的评估在一定高度从源头上整体把握全域范围内评价活动的性质、指标与活动规则等，从而确保了认证机构评价活动的专业权威性与科学合理性。很显然，缺少元评价整个评价就会陷入无序、低效、失信的状态，其就无法实现保障并提升高等教育质量这一目标，因此，在我国高等教育质量评价中引入元评价机制是极为必要的。引入元评价机制，首先要确定元评价主体并在法律法规上明确主体的性质与构成，职责与权力目标与程序等，为评价活动的开展提供保障；其次引入激励与竞争机制鼓励社会团体、协会独自或与高校、研究机构等合作按照要求积极组建质量评价机构并提供激励性政策支持，努力形成一个优胜劣汰的竞争市场以确保评价机构不断提升自身质量和评估能力；再次引入动力机制，这主要是针对各高校只有通过评价的高校才可招生，才能得到家长、学生及用人单位的信任，最终才能得到政府支持；只有获得较高评价等次的高校才能获得更多更好的人、财、物等资源，因此高校必须积极参与、认真对待评价机构的评价，努力提升办学水平与教育质量。只有当各高校主动接受评价机构的评价，元评价的作用才能充分发挥；最后，引入元评价机制，还必须建立科学合理的元评价标准、公开透明的程序及公平客观的运行规则，这些是元评价的灵魂，直接决定着元评价的有效性与可信度。

第二，微观上的元评价标准。开展元评价，制定科学合理的评价标准极为重要，它规定着评价机构的属性与条件及其开展评价活动的理念、准则与策略等。从欧洲和美国高等教育元评价标准来看以下两个方面值得我们借鉴。

其一，从评价领域来看静态上应关注评价机构的目标定位、独立性及资源准备情况等，动态上关注它的评价活动所采用的标准、程序与原则等。具体来说，静态上评价机构必须明确自身的目标与使命，清楚高等院校的价值及它所能产生的影响；评价机构在与政府、高校及公众之间的关系中保持独立性，能独立运行、独立决策而不受利益相关者的影响；评价机构必须拥有能满足其运行所需要的各种资源，特别是人力资源和财力资源以实现它的目标与使命。动态上，一方面评价机构的评价活动应确保公开、公正与科学合理。评价机构对高校开展评价的整个过程包括各环节上的活动及评价结果等相关信息都应公开透明对各高校开展的评价应公正客观，设有投诉与磋商路径评价机构应制定科学合理的评价程序并严格遵循这一程序。另一方面，评价机构的评价标准，内容上应关注院校质量、自身责任与院校自我改进等。欧美元评价标准都要求认证机构注重考察各高校或项目的质量表现，如目标达成度、学生的学业成绩等；在整个评价过程中，评价机构应充分展示其所承担的责任，如代表公众做出决策、回应公众的关切等；评价机构应关注院校内部开展的自我评价，促进院校形成良好的自我提高机制。

其二，从评价标准的构成来看，欧美元评价标准都体现了以下特点：一是在一定高度上把握关键点。对评价机构及其活动整体上抓住为数不多的且极为关键的几个要点领域，如使命、责任、资源、独立性等，并由点延伸开来列出细则从而构成面，实现点、面结合；二是关注质上的规定性，为具体的行为留有创新空间。欧美两个标准体系都没有从量上对评价机构做出要求，而是从质上对评价机构及其行为的性质做了规定，如在欧洲标准的"活动"一项中，仅要求"质量保障机构应按照规定的原则从事外部质量保障活动"，还如在美国标准的"拥有足够资源"一项中，要求"认证机构有足够财力、人力和运行资源以有效履行它的认证功能"等，都没有具体规定应坚持什么原则，也没有规定怎样才算是"足够"，如何"有效"利用资源等，这些空白留待评价机构用证据去"填补"，而且，这样的"填补"能充分激发评价机构的创新性；三是评价标准动、静结合。欧美两个指标体系中既有静态指标，也有动态指标，静态指标关注机构的属性及其构成，动态指标指向机构的运行与实践，动、静结合，有机统一。

总之，欧美高等教育元评价及其评价标准所展示出的诸多特点，对我国高等教育元评价的开展提供了有益借鉴。

第三节　现代高等教育评价标准的要素构成——以美国高等教育第三方认证为例

美国高等教育评估可分为两大体系，即"认定"（Recognition）和"认证"（Accreditation），前者是指美国教育部与高等教育认证委员会对相关机构或组织的认证资格进行评定，后者是指通过认证资格的机构或组织对高等院校或专业进行质量的评估和论证。前者是对高等教育认证机构的认证，而后者是对高等教育机构的质量认证，因此，美国高等教育实施的是一种在政府认可下的第三方质量认证制度。

一、美国高等教育认证机构的特性

在美国高等教育评价体系中，通过认可的认证机构（Recognized Accrediting Organization）扮演着重要角色，2011年，这样的机构全美共80个，通过了这些机构认证的院校多达7818所，专业达22654个。这些高等教育认证机构的发展呈现以下三个方面的基本特性。

第一，高等教育认证机构具有独立性。美国教育的高度分权以及高校的独立与自治体制，要求教育评估机构具有非政府的第三方同行评价特征，以保证高等教育质量评估的客观性。美国高等教育认证机构是介于政府和院校之间的非政府组织（None Government Organization，NGO），是一种自治的、非政府的独立机构。认证机构根据特定的发展目标与理念，依托专业组织制定评估规则与认证标准，在职能上充当着政府与院校之间的联系纽带，并发挥着监督作用。一方面美国政府要求所有高等教育认证机构必须是非盈利的，它的运行资金一般来源于被认证的院校缴纳的年费与认证复查项目的收费，这就大大降低了它对政府的依赖性从而能保持相对的独立性，另一方面，由于联邦与州政府把认证结果视作高等教育机构办学质量的权威依据，从而认证结果会影响政府对学校提供经费或对学生提供资助，因此具有一定权威性和影响力。认证机构的合法地位来自政府的认可，但它并不受制于政府的制度规约，机构接受高等教育机构申请进行认证，其评估专家来自专业协会、企业、政府和高等院校，但评估机构不依附于任何高等教育机构。在对认证机构进行许可认定的标准中，明确规定"认证机构在服务它的使命上维持独立的权威与能力以利用资源。"

第二，高等教育认证机构的专业性和科学性。美国高等教育认证机构的专业性主要体现在专家的参与、严密的程序与科学的标准等方面。认证机构的组成成员主要是来自大学和行业的专家，对院校管理与质量保障有着丰富的经验，而且在选拔与任用上有着规定的标准与程序，专家的参与确保了同行评价的有效性与认证的专业性。所有认证机构在认证过程中都遵循着统一的程序，依次包括标准制定、院校自我评价、同行评价、结果评判及定期复查等，整个过程中信息公开透明认证双方保持着有效沟通，并提供申诉途径等这些程序为认证的科学可靠性提供了保障。每个认证机构开展认证活动前先要制定出科学、详尽的认证标准，在制定过程中，专家依据国家相关法规基于认证对象的实际反复商讨，并经所有成员单位磋商最终确定；而且标准会随着实施过程的变化及认证意见的反馈而不断更新认证标准的科学性为认证的专业性奠定了基础。此外，认证机构的专业性还体现在它要受到国家教育部或高等教育认证委员会的严格审查与定期复查，只有符合规定标准并有一定认证能力的机构，才能获得认证资格。

第三，高等教育认证机构的社会性和公众性。美国高等教育认证制度是为公众利益而创立的，美国教育认证已有一百多年的历史，它产生于保护公众健康安全、服务公众利益的关注，认证活动促使院校或专业向学生提供最基本或更高质量的服务。认证机构成员的构成除了专家学者外，还有大量公众参与，为确保公众利益提供了保障，如2010—2011年度，全美认证机构共雇用了853名专家与多达20761名志愿者参与。教育认证在美国社会发挥的作用主要包括确保质量、获得联邦与州政府的资金、增强私人部门的信心和方便学生转学等。通过了认证意味着该院校或专业满足了最基本的质量标准，如师资、课程、学生服务等，学生和公众即可选择该校或专业，联邦或州政府就可对其拨款，私人部门可以招聘毕业于该院校或专业的学生或让其员工进入该院校或接受专业培训向其提供资金赞助等，通过认证的院校或专业实行学分互认制以方便学生转学。很显然，确保公众的利益是认证制度重要的价值取向。在认证标准中，促进院校或专业关注学生与公众的利益是其重要内容，如要求院校如实、及时地向公众发布各类信息，客观公正地处理与师生、公众交往中发生的各类问题等。

二、美国高等院校质量认证标准

在美国高等教育"认可"环节中，美国教育部和高等教育认证委员会对机构"认可"的目的有所不同，前者在于确保认证机构向其提供院校和专业接受联邦经费资助的有力依据，后者在于确保认证机构有助于保障并提升院校和专业学术质量。美国高等教育认证机构包括四类：一是地区性认证机构，针对域内非盈利、授予学位、二至四年制的公、私立院校；二是全国宗教相关（Faith-related）的认证机构；三是全国职业相关（Career-related）的认证机构；四是专业（Programmatic）认证机构。前三类属于院校认证，其中地区性认证机构占突出地位。2014—2015年通过高等教育认证委员会认可的地区性认证机构有六个s以下选取其中两个，西部院校协会（Western Association of Schools and Colleges）和新英格兰院校协会（New England Association of Schools and Colleges），就其质量认证标准做了一些探讨。

由西部院校协会组建的社区和初级学院认证委员会实行的认证标准在内容上包括四大领域：（1）使命、学术质量与院校有效性和院校品质；（2）学生学习项目和支持服务；（3）资源；（4）领导与管理。

第一领域又分为三个方面。其一为院校使命，主要考察院校使命的陈述、达成情况，使命与院校运行的一致性及使命的周知性等。

其二为保障学术质量和院校有效性以下是其认证细则：

①院校开展持续、大量的大学对话包括学生成绩、学生公平、学术质量、机构效率及学生学习和成就的持续改进；②院校界定并评价学生学习结果和学习支持服务；③院校建立学生成就标准，评价在持续改进中实现这些标准的程度；④院校使用评价数据组织机构运转以支持学生学习及其成就；⑤院校通过项目审查和对目标、学习结果、学生成就的评价评估使命的实现情况；⑥院校分析学生亚群体的学习结果和成就，当学生之间存在差距时采取措施

缩小差距并评价这些举措的有效性；⑦院校定期地评估它各方面的政策和实施情况以确保它们在支持学术质量和实现院校使命上的有效性：⑧院校广泛地传达各方面评价结果，以便在全校范围内对办学优势与不足达成共识并确立优先发展事项；⑨院校开展连续的、宽基础和系统的评价和计划将项目审查、计划和资源配置置于综合的处理过程之中以便实现院校使命、改进院校效率与学术质量院校计划关注短、长期的教学项目，服务在人力、物力、技术和资金等方面的需要。

其三即院校品质（Institutional Integrity），主要考察院校在处理内、外部各种事务关系中的品质。

第二领域主要关注教学项目、图书和学习支持服务及学生支持服务三个方面的教学项目。考察的是项目的适当性、最终成就，以及教学内容、方法、模式，教学计划与课程以及对项目运行过程的自我评价等；图书和学习支持服务重点关注学习服务系统包括图书、实验室、教学器材等在满足学生学习需要上的能力；学生支持服务主要评价院校对学生提供的各类服务的水平与质量，以及院校在这方面的自我评价等。第三领域主要涉及办学资源，包括人力、物力、技术和财力等，并分别从这四个不同方面考察院校的资源准备、运行等。如人力资源即包括教师、管理者及其他雇员等人员的聘任与管理及其满足教学需要的情况。第四领域即领导与管理，主要考察决策角色与过程，高层领导（CEO）和管理委员会等方面，重点关注决策及其过程的相关政策、运行规则，领导及其团队的角色与作用及其发挥作用的方式方法等。

新英格兰院校协会执行的认证标准（2011年版）内容包括11个领域，依次为：使命与目标、计划与评价、组织与管理、教育项目、教师、学生、图书与其他信息资源、物质与技术资源、财力资源、信息公开及院校品质。与前一个认证标准相比，虽然标准数量上有差异，但在具体内容上几乎相同，二者都涉及使命、计划、领导、项目、资源及品质等，而且在认证细则上也大体一致。为了更深入了解美国高校认证标准，也便于下文讨论，此处选取最后一个标准即院校品质，展示其部分细则具体如下：

院校描述并在管理学生事务以及与（预期）学生、教师、员工、管理委员会、校外机构或组织及普通公众交往中提倡高的道德标准，院校通过政策与实践，努力证明它在使命和相关陈述中所阐述的价值。①院校期待它所有成员负责且诚实地开展一切活动，并为此提供系统的支持，院校领导要培养一种（文化）氛围，即受人推崇，大家理解并在追求品质中承担责任；②忠诚、透明与公平成为院校与内外部所有支持者关系的基本特征；制定足够的规章以确保学术真实，恰当的政策与程序在发挥作用并针对以下事务加以定期地检查，包括知识产权、规避利益冲突、隐私权及与师生交往中的公平；院校的教育政策与程序对所有学生适用且公平；③院校致力于自由地追求与传授知识，它应确保师生自由地教或学某一领域的知识，调查相应的资料质疑假设，并受学术研究的论据所引导；④院校在招聘、招生、雇用、评价、处罚等方面坚持非歧视的政策与行为；在院校中塑造一种氛围，即尊重和支持人们多样化特征和背景；⑤院校制定并发布清晰的确保院校高品质的政策，包括公平地解决师生员工造成管理上的问题等。

三、美国高等教育第三方认证的启示

美国高等教育认证机构与质量认证标准，对我国构建高等教育评估体制具有一定的参考与借鉴意义。

首先，从认证机构来看，独立、专业并代表公众的第三方特性应该成为建立高等教育评估机构的基本改革取向。美国高等教育认证机构具有"中介机构"或"第三方机构"的特征。总体上看，第三方评价相对以教育行政部门或政府部门主导的评价具有明显优势，它在充分释放教育评价潜力、提升高等教育质量评价的社会影响力具有重大意义。具体来说，评价机构的独立性，体现在静态的机构设置上，它与政府部门、教育行政相对独立，自成体系；在动态的机制运行上，它能根据社会的关注度自主决策而不受办学主体的干扰和影响。机构的独立性决定了评价机构在评价过程中排除了利益相关方的影响，从而能客观公正地对高等教育质量进行评估。评价机构的专业性决定了对高校教育质量评价的准确性，对评价对象指导的合理性。第三方评价机构能体现公众的利益：一是通过评价要求高校从院校治理上更好地服务于学生、家长或社会公众；二是通过评价促进高校提升教育质量从而满足社会公众的价值期待；三是为社会公众提供公正、准确的质量评价结果，以便在选择高校、录用毕业生、捐资助学上有个理性的参考。第三方评价将高等院校推向市场在社会公众的选择下倒逼高校致力于提升质量，从而充分发挥评价的激励功能。

相对美国高等教育认证，我国高等教育评价主要是由行政系统内部自上而下开展的，评价机构隶属于教育或政府部门，高等教育的管、办、评相对独立的机制尚未形成这种既是运动员又是裁判员的局面尚未打破。此外评价人员大多为临时从各高校抽调来的高层管理人员，评价指标未能充分体现公众的利益，更多的是地方保护或过度照顾高等教育的整体发展或均衡发展。这就极大地削弱了教育评价的社会监督功效，因此要建立我国高等教育评价体制，第三方评价是其发展的必然方向。这要求必须将教育评价机构从行政部门中剥离开来，形成管、办、评相对独立的体系。积极呼应社会关切、满足公众期待应成为评价活动的重要价值取向。政府要制定保障高等教育质量的相关法律法规对评价机构的构成、运行及其职责与权力等予以明确规定，同时构建评估认证机构的资质认证和许可机制，以确保评价机构自身的质量与水平。实际上，我国已经有一些独立的高等教育质量评价机构，但目前这些评价机构具有制度外、自发的特征，其教育评价结果未能得到国家法律或制度的认可。

从认证标准来看，以下特点也值得我们借鉴。第一，抓住关键的同质点。上述两个标准体系都在一定高度上抓住了高等教育机构在保障并提升质量中的关键点，这些点是任何一所教育机构及其运行都不可或缺的，这些关键点对不同类别和规模的院校来说就是同质点，如使命、计划、领导、教学、资源、品质等。抓住同质点能有效地破除我国教育评价界一直存在的质疑，即"用一把尺子衡量所有学校合理吗？"这一问题。很显然，抓住不同对象同质的关键点所构建出的标准体系是可以评价不同学校的。上述标准抓住同质点不仅体现在评价领域上，还体现在评价细则上整体上看，这些细则较少关注量的规定性而更重视质的规定性。如第一个标准体系在"技术资源"的规定中就有"技术服务专业支持，设备、硬件和软件是恰当和足够支持院校管理、功能运转、学术项目、教学和支持服务的"，其中并没有规定应达到多少而是应达成怎样，这种质的规定性为院校管理创新和特色发展提供了较大的活动空间。

第二，强调动态运行。高等院校在保障并提升教育质量中与静态上要求一些环节或要素应达到一定标准相比，动态上的运行更为重要，它直接决定着办学结果和质量状况。上述两个认证体系，都强调动态的运行过程与运行质量这样的评价细则不胜枚举，如西部院校协会评价体系在"教学项目"中即要求"教师确保教学内容和方法总体上满足已认可的学术、专业上的标准和期待，教职工通过系统的评价持续地改进教学学科、课程及直接的相关服务以确保教学策略的改进和学生成功"，新英格兰院校协会评价体系中的"教学项目"则要求"通过教学管理系统和教师参与，院校展示出一个有效的教学监督系统以确保它提供的所有教学项目的质量"。像这样对动态运行过程做出必要的规定能确保高校有效运转并形成长效机制。我国教育评价更重视静态的标准考察而动态过程较少关注，这既不利于对院校做出准确的价值判断也不能发挥好教育评价的导向功能。

第三，关注自我改进。相对院校长期的运行与发展来说评价活动是短暂的。它无法代替院校实现院校目标，实现目标终究还得依靠院校自身，评价只是起着促进作用，因此通过评价促使院校形成长效的自我提高与改进机制极为重要。而我国相关评价中缺少对此应有的关注。在美国的认证标准中要求院校开展自我评价是一重要内容，如西部院校协会评价体系在"学术质量"上要求"院校开展连续的、宽基础和系统的评价和计划，将项目审查、计划和资源配置置于综合的处理过程之中以便实现它的使命改进院校效率与学术质量"。在新英格兰院校协会评价体系中每个评价领域的最后，都单列一个"院校效率"指标要求院校在该领域开展自我评价，如在"财力资源"上要求"院校运行内外部机制评价它的财政状况和财务管理，以维持它的品质与职责并利用结果实现改进"。

第四，注重院校品质。高等教育机构作为社会组织一员它所承担的责任和展示的价值，在与师生、家长、公众及其他利益相关者交往中应具有的品质和性格以及在校园内倡导并形成的文化品位等都属于"院校品质"的考察范围。就如同我们考察一个人的道德品行与思想素质一样。然而，我国高校评价对此并未给予足够重视。"院校品质"考察要点有：（1）公开，即院校各类文件、规章、政策、决定、程序、计划等一切信息通过网络或纸印告知利益相关方并确保他们能获得；（2）真实，即提供的所有信息应真实、准确、时新不可夸大宣传诱骗公众；（3）公平，即公平处理各类关系中遇到的问题或冲突，不歧视不包庇，用事实与规则说话；（4）明责与守纪，即承担各类办学职责，遵守各项政策法规并依规开展办学活动；（5）学术自由，尊重知识、尊重人才营造，积极开明地致力于追求知识的氛围，严禁学术造假。

在当今全球化的世界中，高等教育国际化程度日益加深，教育认证也早已跨越国界。在这一背景下，教育评价与国际接轨已成为我国高等教育改革不可回避的重大事项，因此，美国高等教育认证在许多方面应为我们所借鉴。

第四节　关于高等院校第三方评价体系的要素构成

基于第三方评价的理论探讨以及对欧美高等教育质量认证的借鉴，此处笔者试图构建出一套高职院校第三方质量评价指标体系。

一、第三方评价的价值定位

高职教育第三方评价即独立于高职教育办学与管理体系之外的专业机构或组织自主地对高职院校在教育质量、学生就业等方面公平公正地开展的教育评价活动，其核心特质即独立自主、专业权威和公平公正。呼应政策要求与公众期待，教育质量应成为第三方评价关注的焦点；评价主体为第三方机构，即在机构设置上能独立于教育行政部门和政府部门，在动态运行上能独自决策，不受利益相关方影响，这样的机构可以由政府主导但不参与，由行业、企业、学校、研究机构和其他社会组织共同参与而构成；评价客体为高职高专院校。

开展高职教育第三方质量评价，坚持推进职业教育管、办、评分离改革，创新职业教育评价机制，充分发挥教育评价的激励、诊断与导向功能，引领职业教育评价健康发展；紧紧围绕第三方评价的核心特质与潜在优势通过评价促使高职教育质量不断提升职业教育事业，不断发展，从而全方位满足公众对高质量教育的需求与经济社会发展的需要。

二、第三方评价体系构建理念

构建高职教育第三方质量评价指标体系，基于以下价值取向与基本理念。

（一）教育质量

教育质量受教育体系内外部诸多因素影响，而具有一定办学自主权能独自决策与运行的高职院校对高职教育质量有着决定性影响。也就是说，质量产生于院校自身的管理与运行，而且，通过自身的改革与建设，教育质量是可以提升的。院校是内部质量保障的重要组织，而外部质量保障有赖于来自校外的监督与检查，即评价。评价可以促进院校办学质量不断提升。

（二）院校发展

在致力于质量提升的基础上实现的院校发展，即内涵式发展；同时，院校追求的应是各有特色的差异化发展。内涵式发展与差异化发展是职业教育事业发展的方向。唯有如此，才能满足利益相关者及经济社会发展的需要。实施教育质量第三方评价即以全新的视角独立专业地审视院校质量状况，从而促进职业教育事业不断发展。

（三）服务公众

服务公众利益是第三方评价重要的价值取向，同时也是呼应社会关切的出发点。质量提升和院校发展，其终极目的即满足社会公众的需要。满足公众需要不仅通过满足经济社会发展需要来实现，而且在院校管理与运行过程中就应满足公众需要，特别是学生、家长及用人单位等利益相关者的需要。

（四）评价功能

要实现质量提升、院校发展并服务好公众，充分发挥好第三方评价功能十分重要。第三方评价功能发挥的程度取决于评价的独立自主、专业权威与公平公正的达成度。教育评价功能有多种，其中激励功能、诊断功能与导向功能是第三方评价尤应关注的。激励功能通过第三方评价机制来实现，而诊断与导向功能则通过对院校全面质量评价来实现。

三、第三方评价体系构建思路

构建高职教育质量评价指标体系，应坚持以质量为主线以教学为中心，以改革为动力，具体如下：

第一，以质量为主线。全面质量观认为，在一所院校内部，质量不仅体现在办学的终结性成果上，还与办学过程密切相关而且质量还受诸多前提条件性因素制约。以质量为主线即基于这一理念，紧紧抓住影响质量的条件性要素，决定质量的过程性要素和体现质量的成果性要素全面衡量一所院校的教育质量。要说明的是，这些要素可谓种类繁多不可能纳入指标体系，因此有选择性地抓住每所院校具有共性的关键少数要素作为体系中的指标，同时照顾到院校之间的差异，鼓励特色发展。

第二，以教学为中心。教学工作是院校的中心工作，也是决定教育质量的重点工作，因此构建质量评价体系以教学为中心并由此发散、延伸开来选择和确定评价指标。教学包括教师的教和学生的学两个方面，职业院校的教学又分为课堂教学和基于职业技能提升的实验、实训和实习等实践教学。教学工作包括人力、物力的准备教学过程的实施，质量监控，以及为提升教学有效性与教学质量开展的教学改革等。教学质量与为教学提供的一切服务密切相关，如图书资料、院校管理、后勤、科研等。

第三，以改革为动力。教育质量是否提高，院校能否日益发展，能否不断满足经济社会发展及公众的需要，很大程度上取决于院校改革。改革不仅仅是教学改革，还应包括教学外如管理、学生服务等许多方面的改革。改革就是要充分利用已有资源，使教育、教学与管理工作更加高效，从而满足利益相关者的需要。改革不仅仅指较为宏观的政策改变及其实施，还应包括微观层面的改进与改善；改革也不只是贯彻落实上级行政部门的政策，而且要为院校内部进行的自我更新，关注院校自我改进与提高机制，以此发现问题并不断改进。

四、第三方评价指标体系的构建

基于上述讨论，本研究构建的第三方质量评价指标体系如下分值总分为100分（见表2-3）。

表2-3 高职教育第三方质量评价指标体系

评价领域	分值	评价指标	分值	关键考察点
领导与管理	10	院校使命	2	1. 使命陈述明确具体且能为公众所获知； 2. 使命定位应结合院校自身优势与办学特色； 3. 使命应合乎职业教育改革与发展方向，合乎区域经济发展现状。
		办学理念	2	1. 合乎职业教育规律，突显职业教育特色； 2. 正确把握办学质量及其与使命之间的关系； 3.重视学生的学业成就，特别是专业技能与职业素养、创新创业能力等； 4. 具有服务利益相关者的意识。
		高层领导	3	1. 职责明确，领导层有权威、凝聚力； 2. 具有强烈的改革创新精神，致力于实现院校使命，提升学生学业成就； 3. 重视并支持教学工作； 4. 正确处理好高层领导与二级学院之间的权限，有效授权并监督。
		管理决策	3	1. 民主参与管理决策； 2. 鼓励管理创新； 3. 强调并倡导管理的服务功能； 4. 决策程序科学、合理、高效，重视基层职工与学生的意见与建议； 5. 决策执行顺畅、有力；
资源	15	人力	5	1.管理人员、教师和服务人员比例合理； 2. 教师数量、学历、职称、"双师型"数量上满足教学需要； 3. 教师招聘、培训、晋升、考核程序规范，明确，公开，公平且满足使命实现的需要； 4. 管理人员与服务人员履行岗位职责，定期接受考核并不断改进； 5. 兼职教师在职称、学历及教学能力上满足教学需要。

评价领域	分值	评价指标	分值	关键考察点
资源	15	财力	4	1. 财力能满足院校运转、使命实现、服务教学的需要； 2. 财务支出有计划有预算，公平合理，公开透明，合乎制度规定； 3. 院校不断提升获取外部资源的能力，有成熟的机制； 4. 建立严格规范的财务管理与监控体系，并定期评估不断改进。
		物力	3	1. 设备、设施与器材等满足教学和支持教学的各类服务的需要； 2. 定期维修、保养，必要时替换，定有管理制度； 3. 购置设备设施以满足办学目标与院校发展为依据； 4. 确保各类设施充分利用。
		技术	3	1. 技术在服务管理、教学等方面提高工作效率，满足使命实现的需要； 2. 技术有效维护、定期更新； 3. 技术建设有计划有实施； 4. 技术资源得以充分、有效、安全地使用。
教学	24	专业建设	4	1.专业结构切合区域产业发展； 2. 有成熟规范的专业设置、调整与退出机制； 3. 专业建设有计划，有目标，有标准，有实施，有成效； 4. 专业特色鲜明； 5.各专业有切实可行且合乎高职人才培养特点的人才培养方案。
		课程体系	4	1. 专业结构切合区域产业发展； 2. 有成熟规范的专业设置、调整与退出机制； 3. 专业建设有计划，有目标，有标准，有实施，有成效； 4. 专业特色鲜明； 5. 各专业有切实可行且合乎高职人才培养特点的人才培养方案。
		课堂教学	6	1.教师的课堂组织管理能力，教学内容的选择，教学方法的运用等符合高职学生特点，合乎人才培养目标，激发学生学习热情； 2.学生积极参与，出勤率、抬头率高； 3.课堂教学行为规范，氛围良好。
		实践教学	6	1.实践教学的总学时达到规定比例； 2.基于技能提升充分利用校企合作平台实施工学结合模式； 3.学生实习有计划，有目标，有组织管理，有记录，有反馈，有考核； 4.实验、实训和实习中，学生有充足的机会动手实践，教师给予有效的指导，效果良好； 5.学生课外活动有计划有组织有指导，有考评，有利于提升学生的职业素养与技能。

续　表

评价领域	分值	评价指标	分值	关键考察点
教学	24	教学文化	4	1. 在全校营造并形成重视教学、重视成绩、重视技能的文化氛围； 2. 教职工树立积极、健康的符合学生实际的教学观念； 3. 丰富完善并切实运行好激励学生学习的机制，效果良好； 4. 倡导分类培养、人人成才的价值追求，学生态度端正、积极向上。
服务	18	服务教学	6	1. 形成成熟且有效运转的教学支持服务系统，有利于提升教学质量； 2. 图书或网络资料能满足教师的教和学生的学的需要，满足科研的需要，资料利用率高； 3. 图书馆设施齐全、学习氛围浓，学生乐于利用； 4. 定期评价支持服务系统，不断改进。
		服务师生	5	1. 不断改善教师的办公条件提高教师校园生活质量，有效缓解教师工作压力； 2. 学生食堂、宿舍等方面管理规范，安全健康； 3. 定期评估服务师生的各类系统，不断提高服务质量。
		服务经济	3	1. 建立服务区域经济与社会发展的机制，运行顺畅有效； 2. 为教学和科研搭建服务校外机构平台，各方反映良好； 3. 与校外相关行业、企业或其他单位建立密切的联系渠道，确保科研和技术革新成果的及时应用。
		院校品质	4	1. 院校各类文件、规章、政策、决定、程序、计划等信息能为利益相关方所获知； 2. 所有信息真实、准确、时新，不夸大宣传诱骗公众； 3. 公平公正地处理各类关系中遇到的问题或冲突，不歧视不包庇，用事实与规则说话； 4. 承担各类办学职责，遵守各项政策法规； 5. 尊重知识、尊重人才，营造积极开明的致力于追求知识的氛围，严禁学术造假。
改革与改进	15	院校改革	6	1. 呼应上级教育改革要求认真贯彻落实； 2. 积极主动地开展教学、管理及服务等方面改革，以提升教育质量和学生学业成就； 3. 改革有针对性，有计划，有组织，有实施，有评估，有完善； 4. 改革得到相关教职工的认可，积极参与支持。
		自我评价	5	1. 院校形成完善的自我评价机制，或全面评价或分系统评价； 2. 建立教学质量监控体系并运转顺畅有效； 3. 自评有组织，有实施，有反馈，有改进效果良好。
		特色发展	4	1. 特色发展合乎地区和院校实际，充分发挥办学优势； 2. 特色发展应与教育质量和学生学业成就紧密相关； 3. 特色发展有目标，有规划，有组织，有实施，有自评。

评价领域	分值	评价指标	分值	关键考察点
办学成效	18	教学成效	6	1. 课程考核不及格比率； 2. 毕业生按时毕业率、就业率、创业率、专升本比例、双证书获得率； 3. 学生职业技能竞赛获奖情况； 4. 毕业生自我成就评价。
		改革成效	4	1. 改革成果丰富，在提升教学质量或服务质量等方面有明显成效； 2. 特色发展已显现特色，目标达成。
		科研成效	3	1. 科研成果获奖情况； 2. 科研成果转化情况； 3. 科研在促进教学、管理和服务等方面改革情况。
		办学声誉	5	1. 合作企业对院校的评价； 2. 用人单位对毕业生的评价； 3. 学生对教师、管理及服务人员的评价； 4. 教师对学生及中、高层管理人员的评价； 5. 家长及其他利益相关者对院校的评价。

五、关于指标体系的说明与使用

　　上述构建的高职院校第三方质量评价指标体系还只是个基本框架，要投入实践使用，还必须做好相关工作。首先，对评价考察点做进一步具体化，体系中列出了每个指标的关键考察点，可根据情况进一步拓展，并对每个考察点列出详细的评价细则；其次，体系中列出的评价领域和评价指标及分值，可根据院校实际及其发展阶段，进行调整或添加、删除个别指标。

　　指标体系中大多为软指标，也即质性标准，这对评价者提出了较高要求，为此，评价者必须真正领悟标准要求，对照院校实际，客观进行价值判断，该体系中的指标有相当一部分指向院校的运行，如机制、方法与策略等，这在评价时也应理性把握，确保其符合实际与管理理念，以提升教育质量与学生学业成绩上的有效性为最高原则。

　　该评价体系重点关注高职院校的办学质量，选择领导与管理、资源、教学、服务、改革与改进及办学成效六个方面作为评价一所院校质量的重要领域，这些领域能体现出院校质量高低；而且，这些领域是任何一所院校产生质量的共同点，不管院校规模大小、当前水平高低，也不管其是公办还是私立，都离不开这六个方面，因此，抓住这些要素予以评价能有效照顾到院校间的差异性；而且，院校中关于办学特色的考察，也考虑到了院校间的差异，故此，这一评价体系可以用来评价不同发展阶段的院校，院校的进步与质量提升度可通过评价得分进行纵向比较。

第五节 高等教育第三方评价机构认定标准的要素构成

高职教育实施第三方评价即在高职教育领域将教育评价活动完全交予独立于政府部门和教育行政部门的第三方来完成。在此，第三方机构的组建及其运行极为关键，它直接决定着评价活动的水平与评价目标的实现，因此，针对第三方机构进行评价与认定（即元评价），就成为极为必要的环节。此处对第三方评价机构的资质进行探讨并借鉴欧美高等教育质量认证机构的认定标准，尝试着构建出认定标准体系以供实践参考。

一、评价机构认定的必要性

高职教育实施第三方评价的同时对第三方机构进行认定，其必要性主要体现在以下几个方面。

第一，对政府或教育行政部门而言，能做到"掌舵而不划桨"。我国现有的教育评价大多是政府或教育行政部门内部自上而下开展的对上级部门而言，他们既是掌舵者又是划桨人，既是运动员又是裁判员，这种局面日益引起各界诸多质疑。将教育评价这一职能从行政部门中分离出来交由独立的第三方完成既能做到专业权威、独立自主、公平公正还能充分发挥评价的功能促进教育事业蓬勃发展。可以说第三方评价克服了现有评价的诸多缺陷，是教育评价发展的必然产物。然而，完全将教育评价"开放"给市场，让第三方完成潜入其中又会出现无序混乱的局面，"一管就死，一放就乱"的改革矛盾就会重现，因此对第三方评价机构进行再评价尤为必要，对政府或教育行政部门而言，它既从源头上在一定高度对第三方评价进行管控，又能从具体的评价事务中解脱出来做到"掌舵而不划桨"，实现"管中有放，放中有管，放管结合"。

第二，对第三方机构自身而言能获得合法地位并确保健康发展。在现有教育评价中，通常是上级部门从各院校等机构中临时抽调个别专家组成评估小组，并授权其开展指定的评价活动，活动结束小组也会随即解散。第三方机构则是一个独立的机构，是一个专业的且长期从事教育评价活动的机构，它也需要获得相关部门的授权以达成"名正言顺"的地位，完全自发的、游离于市场的评价机构很难存在并发展下去，更不能履行教育评价这一重大职责。而且，第三方评价机构作为非盈利的社会组织，也需要获得政策和公众的支持，获得合法地位即是获得支持的先决条件。毫无疑问，对第三方机构进行资格认定，是授予其合法地位的最佳途径。同时对第三方机构进行资格认定，一方面通过优胜劣汰机制选择机构规范、行为科学的高水平评价机构从事专业的评价活动；另一方面通过认定，从思想、方法与策略，甚至是较为具体的评价领域上对第三方机构予以引导、规范，从而确保第三方评价健康发展。

第三，对院校或社会公众而言，能带来信任并积极参与。一种评价活动能否得到对象和其他相关公众的信任决定着他们参与和接受评价的积极性，以及对评价反馈意见的改进力度等，从而决定着评价活动的成败。现行的教育评价通常是在教育系统内部进行的，这在机制上就存在难为外界信任的缺陷。由于不信任，评价功能就会受到极大削弱。第三方评价是对现有评价在机制上的否定与超越，它为克服现有评价存在的缺陷搭建了一个更为优越的平台。然而，有了优越的平台不一定真的就很优越，就如学者所质疑的，实施第三方评价不一定做到独立自主并保证科学公正，第三方仍然存在成为新的利益相关方的可能，因此，关键的问题并不是第三方评价优不优越、受不受信任，而是如何使将这种优越转化为现实并取信于人。很显然，对第三方评价进行再评价，即是解决这一问题的关键。通过了认定的第三方机构，意味着它能在较大程度上将其优势转化为现实，院校和公众会充分信任并予以积极应对。

二、认定标准体系构建的理念与思路

对第三方评价机构进行资质认定，旨在引导、规范第三方评价行为，对第三方机构进行管理、监督，提升第三方评价的水平与质量，发挥第三方评价的潜在优势，促使第三方机构在保障并提升教育质量上发挥应有作用；建立管、办、评分离的管理机制，促进教育评价健康发展，使第三方评价机构成为各界充分信任、功能充分发挥、切实代表公众利益、有效促进教育发展的机构。

一个第三方评价机构究竟要达到什么要求或标准，才是合格的机构，这是构建认定标准必须考虑的重要问题。我们认为，第三方机构首先是一个机构，机构就要求有一定的组织构架，要有充足的人员与其他资源，更要有支配其运行的规章制度与行为规范，以及机构对自身使命的定位等；其次，这个机构是第三方机构，按照前述定义，第三方机构的核心属性是独立自主、专业权威及公平公正，因此这个机构应具有这三个重要特性，并体现在机构的设置、人员的组成、职能的履行等诸多方面；再次，从当前来看，这个机构主要是对高职院校开展质量评价的机构，因此，质量评价应成为其工作的重要内容，机构的评价标准与程序等应符合质量规律及相关理论，机构在方法与策略上应能对院校质量进行有效评价；最后，这个机构应是能较好地履行其职能并实现最初目标的机构，即促进院校质量提高、满足社会公众多方需要，因此，院校和公众对机构的评价，院校在质量上的提高程度等也应成为认定的标准。

结合上述分析，按照"输入—过程—输出"思路整合各个要素，并构建出第三方机构认定标准体系。一个机构需要有人、财、物等资源的搭建，需要对自身使命、职责及理念的确立，以及机构运行前的诸多准备等，这些都是机构的"输入"性要素。

机构履行其职能的全过程应是认定的重要领域，概括起来即是"用什么样的标准按怎样的程序基于何种理论来评价不同院校质量"，其中公开透明、科学合理并紧扣办学质量应是考察机构评价过程的重要标准。第三方评价机构的最终成绩也是认定的重要方面，机构是否履行了其使命并实现了评价目标是确定"输出"性指标的重要依据，可包括院校和公众的反馈，院校的质量状况以及机构自身水平的提高等。

三、认定标准体系的构建

基于上述讨论，本研究构建出的第三方质量评价机构认定标准体系如下，分值总分为100分（见表2-4）。

表 2-4 高等教育第三方质量评价机构认定标准体系

评价领域	分值	评价指标	分值	关键考察点
机构设置	26	使命与职责	7	1. 具体阐述； 2. 明确告知利益相关方； 3. 切合第三方评价精神。
		使命与职责	10	1. 机构的独立性； 2. 制度的具体与完善性。
		人财物资源	9	1. 人员的专业性； 2. 财力物力能满足机构运转所需。
机构运行	46	评价的方法与策略	12	1. 合乎质量管理规律； 2. 关注院校运行，重视评价的监督与指导作用； 3. 客观公正； 4. 有效利用各类资源。
		评价标准	13	1. 标准制定经多方磋商共同完成； 2. 标准紧扣办学质量，关注学生的学习成就； 3. 标准应关注院校自我改进机制； 4. 标准应关注院校服务利益相关者； 5 标准能为利益相关者所获知。
		评价程序	12	1. 有科学的评价程序； 2. 程序应关注院校的参与、意见和申诉及与院校的互动； 3. 最终评判独自决策、依据合理并为院校所接受； 4. 全程公开透明。
		自我改进	9	1. 机构（不）定期地进行自我审查并不断改进； 2. 积极应对外界反馈、意见与建议； 3. 积极接受对自身的资质认定，并按要求切实改进。

评价领域	分值	评价指标	分值	关键考察点
机构成效	28	利益相关者评价	10	院校和公众等利益相关者对机构的独立自主、专业权威和客观公正等方面的评价。
		院校质量提升状况	10	通过评价后，院校在教育质量上的提升情况。
		机构自身发展状况	8	机构规范，水平提高，标准与程序完善情况。

四、关于标准体系的说明与使用

上述构建的高职教育第三方质量评价机构认定标准体系还只是个基本框架，要投入实践使用。首先，应对评价考察点做进一步具体化分析。根据情况进一步拓展，列出详细的评价细则；其次体系中列出的评价指标与分值可根据院校实际及其发展阶段进行调整、增删。

该评价体系适合于已运行并有院校评价经历的第三方机构，因为指标中有机构运行，与机构成效这两块领域。对刚具雏形且拟投入运行的第三方机构，可选择机构设置及机构运行中的部分指标进行评定。对第三方机构可进行定期评价，每三到五年进行一次。

作为一个独立、专业的评价机构，不仅应关注静态的机构设置，更应看重其动态运行，其中自主决策、专业权威及客观公正尤为重要。评价者应把握机构运行的核心精神与内在机理，深刻准确地予以判断。

对第三方机构进行认定评价，应发挥其导向功能即通过认定，引导第三方机构朝向认定者希望的方向与状态发展。引导第三方机构正确开展院校质量评价是认定的重要项目。为此评价者必须对教育质量及其产生在理论与实践上有深刻的把握与正确的理解，将其融入评价细则中并引导第三方机构正确开展院校质量评价。

第三章　高等教育评价标准的历史演变

第一节　关于高等教育评价标准目的的演变

人们做任何事情都是有目的。目的作为行动的直接动机，指引、调整着各种行为，并作为支配人意志的内在规律贯穿于人的实践中。所谓教育评价目的，就是人们在开展教育评价之前设想或规定的教育评价活动所欲达到的效果或结果。教育评价目的就像"指挥棒""指路灯"，支配着整个教育的过程，指导着教育的发展方向。由于人们教育观与哲学观的不同，以及人们对评价认识的不断深入，教育评价在其发展历程中也表现出了多种不同目的。

一、20 世纪 90 年代前评价目的的历史演变

（一）鉴定选拔分等

国内外学者认为，教育评价起源于我国西周时期。据《礼记，射义》记载："是故古者天子以射选诸侯、卿、大夫、士。是故古者天子之制：诸侯岁献，贡士于天子，天子试之于射宫。"《学记》中也记道："比年入学，中年考校：一年视离经辨志，三年视敬业乐群，五年视博习亲师，七年视论学取友，谓之小成。九年知类通达，强立而不反，谓之大成。"由此可见，评价从一开始就是基于鉴定选拔分等这一目的进行的。在此后漫长的封建时代中，科举制同样旨在鉴定选拔。西方早期教育测量运动中的智力与成绩测验等，其目的也在于鉴定学生优劣并选拔合乎要求的学生。评价的这一目的更多地体现在终结性评价中。布卢姆（BSBloom）即指出："终结性评价的首要目标是给学生评定成绩。"实际上，评价的鉴定选拔分等是评价最基本的目的，教育评价发展到现在，它仍然存在，只不过由于它的负面影响受到评价主体不同程度的抑制而已。20 世纪 80 年代布卢姆就针对当时评价中的弊端指出："评价的目的，像现有的教育系统最常用的那样，基本上是把学生分等与分类。它被用来区分失败的学生、成功的学生以及过得去的学生。学校内通常使用的测试以及其他形式的评价，对于改进教学作用甚微，"还应指出的是，在评价发展的前期，这一目的重点用于学生，随着评价对象的扩展，这一目的同样用于教师、学校及其他方面。

（二）促进教育目标的实现

将教育目标定为教育评价努力方向的首推被誉为"教育评价之父"的泰勒（R·W Tyler），他指出，"应该明确，评价是查明已编制的和已组织的学习经验在实际上将带来多少预期结果的过程，这有利于检验已组织的和已编制的教学大纲（constructional program）的基本假设的效度（validity），教育评价的历程在本质上是一种测定教育目标在课程和教学方案中究竟被实现多少的过程"，"评价不是为了评价而评价，而必须是为了更好地达到教育目标的评价"。布卢姆也持同样观点，他认为："评价是一种获取和处理用以确定学生水平和教学有效性的证据的方法，我们主要关心的是用它（评价）来改进教与学。"针对总结性评价的弊端，布卢姆指出："形成性观察的主要目的不是给学习者评定成绩或做证明，而是既帮助学习者也帮助教师把注意力集中在达到掌握程度所必须具备的特定知识上。"日本学者梶田叡一也指出："在评价教育成果时必须首先使评价目标和教育目标保持一致。倘若教育目标和评价目标两者各异，那么评价的结果和教育的结果便成了风马牛不相及的了。"

（三）为教育决策提供信息

持这一观点的代表主要有克龙巴赫、斯塔弗比尔、斯克里文（Michael Scriven）等人。克龙巴赫认为："评价人不仅应关心教育目标，检验教育目标达到的程度，更应关心教育的决策；评价不是决定优劣的过程，而是要作为一个收集和反馈信息的过程。"他进一步将利用评价进行的决策分为三类，即教程的改革、关于个体的决策与行政的调控。斯塔弗比姆也认为，"评价不应局限于评判决策者所确定的教育目标预期效果的达到程度，而应该收集有关教育方案实施全过程及其成果的资料，评价是为决策提供信息的过程。……评价最重要的意图不是为了证明，而是为了改进"，他还指出："评价是一种划定、获取和提供叙述性和判断性信息的过程。这些信息涉及研究对象的目标、设计、实施和影响的价值及优缺点以便指导如何决策，满足教学效能核定的需要，并增加对研究对象的了解"。为此，他提出了以决策为中心的CIPP评价模式，通过找出"实际是什么"与"应该是什么"之间的差异来为决策服务。斯克里文针对时弊提出了总结性评价与形成性评价并积极倡导旨在改进的形成性评价。

（四）促进人的发展

在西方教育评价发展史上，人的地位不断上升。1975年，斯塔克提出，"评价应首先关注服务对象关注的问题、兴趣和焦点，而不是预先确定的目标，通过评价者与评价有关的各方面人员之间的持续不断的'对话'，了解他们的愿望并做出回应，以满足各种人的需要"。1989年，库巴和林肯提出了"第四代评价理论"。他们从建构主义哲学出发，认为现实并不是纯"客观"的、"外在于人"的东西，它不过是人们在与对象交互作用中形成的一种"心理建构物"，因此，评价亦并不是"外在于人的""纯客观"的过程，而是参与评价的所有的人，特别是评价者与其对象双方交互作用，形成共同心理建构的过程。在价值观多元化的社会里，评价活动就需要综合考虑如何融合或沟通各方利益相关者的意见。评价者的根本任务就是通过收集各种资料，梳理出不同人、不同环境中的建构，并运用协商的方式，逐步改变、统筹不同意见的分歧，引导他们达成共识。库巴和林肯从评价的方式方法上指出了过去评价中存在的不足，并提出评价过程中应关注人的需要。

二、20 世纪 90 年代后我国评价目的的百家争鸣

尽管评价起源于我国，但由于诸多原因，我国教育评价在漫长的历史时期并未得到发展，具有真正意义上的教育评价活动始于 20 世纪 80 年代后期，而且大多是建立在借鉴外国研究成果基础之上的，因此，我国教育评价发展起点高且发展快，在短短的 20 年时间里许多方面就在理论上达到了世界水平，这种浓缩历史的效应在评价目的上表现得尤为突出，以致出现了"争鸣"态势。

20 世纪 80 年代以来，为了规范约束学校办学行为，我国大多数评价都是以鉴定选拔分等为目的的，这既用于学生也用于学校，而且多以总结性评价为主。我国学者陈玉琨认为，总结性评价其目的即"做出教育效果的判断，从而区分优劣、分出等级或鉴定合格"。刘本固则从教育目的的角度论述教育评价目的，他认为："教育目的对于教育方向、教育制度、教育内容、教育方法、教育质量等，均起着指导作用所以它是一切教育活动的出发点和归宿。正因为如此，教育目的也是教育评价活动的根本依据。各级各类学校的教育评价工作，其总目的必须与国家的教育目的相符合。只有坚持这一原则，才能保证教育评价的正确方向。"王汉澜也持同样观点，并在布卢姆等人对教育目标分类的基础上论述了具有我国特色的教育目标分类。袁振国在其主编的《当代教育学》中指出教育评价是"根据一定的教育价值观或教育目标，运用可操作的科学手段，通过系统地搜集信息、资料并进行分析、整理，对教育活动、教育过程和教育结果进行价值判断，从而为不断完善自我和教育决策提供可靠信息的过程"。金一鸣教授也认为："教育评价的主要任务或主要目标是为教育决策服务。"

应该指出的是，尽管说上述成果是基于外国研究成果之上，但在许多方面已有了不同程度的扩展甚至超越。如以促进教育目标实现这一目的为例，西方重在教学目标，而我国更多地指向教育目的，这种高度上的提升已深刻影响了学生、教师、学校乃至整个教育事业的发展。这种高度上的提升还表现在当前我国许多研究者提出的另一教育评价目的，即提高教育质量，促进教育发展。金娣、王刚认为："教育评价的目的（即评价活动所要达到的境地）是为了促进教育改革，提高教育质量。"吴刚也认为："教育评价是在系统地、科学地和全面地搜集、整理、处理教育信息的基础上对教育的价值做出判断的过程，目的在于促进教育改革，提高教育质量。"蒋建洲指出："现代教育评价的目的是'创造适合儿童的教育'。它是为不断完善和改进教育过程，为提高教育质量服务的。"张祥明认为：

"教育评价对教育改革的方向进行正确的引导，通过对被评价对象之间纵向与横向的比较，增强进行教育改革的压力、动力和活力，使改革顺利进行以达到提高教育质量的目的。"

三、教育评价目的的历史演变规律

在教育评价目的的历史演变中我们至少可以发现以下规律：评价目的所涉及的对象由片面走向全面；评价目的的实质由隐晦走向明朗。从前者来看，教育评价的对象起初只是涉及学生，再到教师与学生，然后是教育事业，再到被评价者，最后到师生、学校、教育事业等；再看后者选拔分等也好，实现教育目标也好，为决策提供信息也好，它们或多或少、或隐或现地包含着促进不同对象发展这一点，这也就是评价目的的实质，是评价目的的"基因"与"内核"，随着评价的发展它不断"进化"，而到"促进教育改革，提高教育质量"目的的提出，发展这一实质从更高层次上得以明确显现。

第二节 关于高等教育评价标准模式的演变

一、教育评价理论

评价从本质上说是一种价值判断的活动，是对客体满足主体需要程度的判断。教育评价是对教育活动满足社会与个体需要的程度做出判断的活动，是对教育活动现实的（已经取得的）或潜在的（还未取得，但有可能取得的）价值做出判断，以期达到教育价值增量的过程。现代教育评价的理论发源于美国。19世纪末至20世纪30年代，被称之为"测量时期"。代表人物是贺拉斯曼、高尔顿、冯特、桑代克等，其标志是"测量"理论的形成以及测验技术的大量实际运用，评价等同于"测量"，追求的是教育客观化。1930—1950年，被称之为"描述时代"。其代表人物为泰勒，其特征是对测验结果进行"描述"，追求的是教育标准化。1950—1970年被称之为"判断时代"。其价值取向指向社会效用，代表人物是布卢姆，斯塔弗比姆等。采用测量技术收集各种信息，并根据一定的价值取向进行判断，追求的是教育多元化。自1970年以来，被称之为教育评价的"心理建构时代"以人为中心，价值取向指向人的需要，其代表人物为古巴和林肯等。提倡价值多元化、全面参与和共同建构，追求的是教育民主化。以下模式是这几个时代的代表，它们分别是：目标评价模式（Goal based Evaluation）：著称为"泰勒模式"，于20世纪30年代，由教育评价之父泰勒首先提出，它是教育评价理论发展史上第一个有着紧凑的结构且较为完整的模式。这种模式认为"评价过程本质上是确定课程和教学大纲在实际上实现教育目标程度的过程。但是，鉴于教育目标实质上是指人们发生的变化，也就是说，所要达到的目标，是指望在学生行为模式中产生某种所期望的变化，因此，评价是一种确定行为实际变化程度的过程"。这种模式以教育目标为核心，并以此为依据用以对学生是否达到规定的指标做出判定。

CIPP 模式：（背景—投入—过程—产出评估模型）又称"决策类型模式"，于 1966 年由美国学者斯塔弗尔比姆提出。他认为评价就是"为决策者提供有用信息的过程"。这一评价模式将评价过程分为背景评价、投入评价、过程评价、成果评价。CIPP 模式吸收了现代人力资源理论、教育效能理论、社会经济学的精髓，它的基本特点是以决策为中心或以决策为导向，强调评价为决策者提供信息服务，强调评价贯穿教育活动的全过程。CIPP 模式的基本观点是：评价最重要的目的不在证明，而在改进。它主张评价是一个系统的工程，为评价听取人提供有用信息，使得方案更具成效。在 CIPP 模式的四种评价中，对背景的评价与目标的确立紧密相关；对投入的评价与规划的制订紧密相关，对过程的评价与行动密切相关；对成果评价与产出密切相关。而位于"目标—规划—行动—产出"中心位置的是核心价值观，因此，CIPP 模式是一种动态的评价模式，它突出了评价的发展性功能，既含有诊断性评价的功能，又含有终结性评价的功能。

目标游离模式：是由美国学者斯克里文提出的。这种模式认为，实际进行的教育活动除了收到预期的效益外，还会产生各种非预期的效应，因此，评价活动应重视结果胜于意图。即应从检查方案的实践结果或全部效果来判定其价值，而不应使评价范围受方案目标的限制，这种评价模式被看作是"以需要为基础的评价"，评价的依据不是方案制定者的预定目标，而是活动参与者的实际成效。这种评价模式打破了对评估目标的预设限制，强调实然的评估结果其结果，往往会导致评价的盲目性和评价者的主观性。

应答模式：这种模式是由美国学者斯塔克于 1973 年提出来的。他认为：要使评价结果能真正产生效用，评价人要关心活动的决策者与实施者所关心的问题。这种理论的主要特点是以问题作为评价的先导，重视评价人员与当事人之间的相互交流、沟通，以反映各类人员的需要和愿望，具有民主性。评价方法以定性分析为主。

"第四代教育价值评价体系"是由枯巴和林肯等人创立，受到西方后现代的影响，他们认为评价就是对被评价者赋予价值，因此提倡教育主体的全面参与，提倡价值多元化、全面参与和共同建构，运用多元价值观，以人为中心，价值取向指向人的需要，建构教育评价体系。他们将评价视为对被评价事物赋予价值的时候，不同的评价者不断消除各种价值标准之间的分歧，形成一致看法的过程，追求的是教育民主化。

增量评价模式：增量评价模式是一种借助统计方法，对教师的教学效果、学生成就、学校管理、学校质量等方面做出"进步幅度"判断的评价方法。增量评价法的基本公式是：增量＝输出—输入。增量评价法不以绝对的分数去评价学生的最终成就，也不以校外因素、家庭背景因素等去固化地评价学生的发展，而是以学校对学生学习成绩、高阶思维和各种能力的培养、全面发展等诸多方面最优化"进步幅度"去评价学生的发展和成长。它既可以对学校的总体增量进行评价，也可以对学校内部的不同学科、不同人群进行增量评价。一所有效能的学校是对学生的进步有增量作用的学校。首先，它有利于促进教育公平。学校增量是在学生进步幅度的基础上计算的，这样学校就不会过于关注生源，有利于弱化学校争抢好生源的行为。同时，为了获得较高的增量，学校会更加关注大多数学生的发展。对学生而言，"后进生"可以发现自己与优等生同样具有提升进步幅度的能力和空间，从而获得自我肯定和进步的动力，有利于减少辍学率。还可以引导社会给生源差的学校以公正评价。这种增量评价法具有科学性、公平性，使被评价的各方心服口服，并将评价转化成进一步改进和变革的动力。

增量评价法的优点：（1）考虑了师生的原有基础和进步幅度。（2）使得对不同生源的学校或班级进行相对公平的评价成为可能。（3）使教师更加重视学生的学习。（4）提高了教师的竞争意识、危机意识和责任意识。（5）促进教师学习和掌握评价知识和评价技能。增量评价法面临的主要困难：必须具有清晰的界定，必须建立恰当的模型，必须采用恰当的统计方法，必须兼顾影响学生学习的其他因素。事实上，教师仅仅是影响学生学习和成长的一种要素，而不是唯一的要素；影响学生学习和成长的因素还包括遗传基因的影响，家庭成员的影响，社会环境的影响，学校其他教师和其他方面的影响等诸多方面。

费根堡姆博士于1961年在《全面质量管理》一书中首次提出"全面质量控制"模型，他对全面质量管理下的定义是："为了能够在最经济的水平上并考虑充分满足顾客要求的条件下进行市场研究、设计、制造和服务，把企业内各部门的研究质量，维持质量和提高质量的活动构成为一体的一种有效的体系。"除了成品的质量管理外，还将设计、制造、成品及售后服务等项目纳入质量管理，由过去单向度注重绩效观，向注重全方位的质量观转变。20世纪80年代末，全面教育质量管理最先被引进国外的学校教育中，经过在理论与实践中的探索与发现，逐渐形成一种有效的学校管理思想。其主要特点为：（1）学校里的一切活动都以追求质量为核心，这里的质量指的是活动全过程的质量；（2）面向全体教职员工，上到学校领导、下至教师、学生人人都参与到学校质量管理中，每个人都为提高学校的教育质量而努力；（3）坚持全过程管理，学校工作的各个环节从教育目标制定、课程设置到教学工作都要进行严格、有效的质量控制；（4）全面质量管理将带来一种教育观的转变，视学生为教育服务的"消费者"，强调"以学生为本"，学校也要建立一套"质量体系"，以"持续提高教育质量"；（5）注重学生的全面发展，提高包括学生的认知能力、审美能力、身心健康以及道德品质在内的综合素养，全面提高教育质量。

二、学校效能与学校改进理论

学校效能研究始于16年美国学者詹姆斯科尔曼（James Coleman）发表的《教育机会均等报告》。这份报告认为在考虑家庭背景变量的情况下，学校对学生的成就只有极小的影响，甚至是没有影响。就是这场轰动美国乃至全球教育界的科尔曼报告，揭开了人们对学校效能研究的序幕。

就其本质而言，学校效能研究关注学校、教师对学生学习和发展的增值提效影响，关注学生的学习成就（包括学生的认知成果、高阶能力、学习态度和行为等）。学校效能研究有两个目的——识别优质学校的特征与因素，鉴别学校"产品"之间的差异。从广义上看，鉴别高效能学校的试金石是学校是否对学生的学习成果、学习态度、高阶能力培养、未来发展产生最优化的增值影响。从狭义上看，"增值影响"可指学校使学生实际的学习进步大于根据其起点做预测所能获得的学习进步。换言之，即指在同一抽样中，在同一时间段内，一个学生与和他起点相似的另一所学校的学生相比，所取得的某方面或各方面的相对进步更大。

郑燕祥教授指出自 20 世纪 70 年代以来，世界教育改革经历了三次浪潮，这些浪潮以不同的教育效能理论和范式为依据，产生了不同的影响。这三次浪潮和与之追求的效能范式是：学校内部效能（始自 20 世纪 70 年代），学校的外界效能（始自 20 世纪 90 年代），学校的未来效能（始自 2000 年）。学校的内部效能主要指根据学生的学业成就来评价学校是否完成预定的教育目标。学校的外界效能主要指学校的教育服务满足利益相关者需求的程度以及表现出学校工作对公众问责的程度。学校的未来效能是学校能帮助个人和社会迎接未来发展需要的程度。越能帮助未来发展的学校，就是越有效能的学校。如果说第一浪潮的效能保证是以增值理论（theory of value added）为基础的，那么，学校的未来效能则关注通过提高教育对未来的相关性以创造新的价值（theory of value created），如果一所学校能同时改进内部过程，增强教育的未来相关性，那么在学校效能方面，就可同时有附加的增值和创值。如果一所学校能保证内部改善，满足外界的需要，又能适应未来发展，那么就可以说学校有全面效能保证。考虑到时间和资源的限制，学校可以在不同时间段内提高内部、外界、未来的效能。在早期阶段，学校无法保证全面的效能提高，但如果持续不断地学习和发展，追求三种类型的效能，那么在后一个阶段，整体效能就会不断提高，从而迈向全面效能（Total Effectiveness）。学校效能理论注重从纷繁杂乱的各种要素中提炼和抽取出对学校教育质量和学校改进真正起作用的要素。早期的较有影响力的学校效能理论有美国学者 Edmonds（1979）的五因素理论即影响学校效能五个因素，它们包括强有力的教育领导、对学生成就的高期望、对基础技能的强调、安全有序的环境、对学生成长的经常性评估。此后，Mortimore（1998）在对伦敦随机抽取的五十所小学为样本的基础上对两千名儿童在学术和社会领域的发展进行了跟踪研究，发现了高效能的学校具有的十二种特征因素，它们是领导对成员的有目的性的领导、副职领导的参与、教师的参与、教师之间的一致性、有条理的校园生活、挑战智力教学、营造以学习为中心的环境、课堂内有限的聚焦、师生间最大化的交流、全程精确纪录、家长参与、积极的氛围。比较具有代表性的理论还有由荷兰 Creemers（1992）所发现的高效能课堂层面的因素和高效能课堂教学综合模式。由英国 Sammons（1995）等总结的中学有效效能十一因素，以及由英国 Reynolds2002）及其团队在跨国项目中所验证的中小学学校效能的十二因素等。对以上学者所发现的因素进行归纳总结后不难发现，学校效能各因素可归纳为三个宏观维度：有效学生效能、有效课堂教学、有效学校领导与学校管理。

学校改进研究出现的时间晚于学校效能研究十余年。学校改进研究认为，对一个成功学校瞬间的"素描"不能揭示成功学校是怎样获得成功的，而这正是学校改进研究的强项，因为它关注的是整个成功的过程和支持成功改进的必要条件。学校效能研究注重量化研究，关注学生的学习成果（含认知和高阶思维能力）和学校的绩效。而学校改进注重质化研究（如：案例研究），关注学校改进计划的制订、学校文化和学校改进的全过程。Creemers和Reezigt（1997）认为学校效能是以研究为取向的，关注的是理论和解释；学校改进则是以实践改革为取向的，关注的是教育实践过程中的变革以及问题解决。卢乃桂与张佳伟（2007）指出：学校效能研究是一种以"技术的认知兴趣"为导向的，以经验—分析科学的态度所进行的研究，在具体的研究过程中是以工具理性为指导的，而学校改进研究是一种以"实践的认知兴趣"为导向的，以历史—解释科学的态度所进行的实践性研究，在具体的研究过程中是以沟通理性为指导的。实践证明，它们之间的关系是相互作用的，学校效能的理论可以成为学校改进的抓手，而学校改进则能提升学校效能；但如果学校效能低下时，学校改进就成为必须。研究学校效能，可以为改进学校管理、提升办学质量提供可信的依据与有效的对策。

纵观学校效能研究与学校改进研究的历程，它在理论及实践上的主要贡献可以总结为以下八个方面：

第一，发现和验证了提高不同层面学校效能的因素（见上文）。学校效能研究通过长期、大量的实证研究，包括大规模的跨国调查研究、小样本研究、个案研究、多元模式分析等，发现和验证了提高不同层面学校效能的因素，使之上升为理论，而这些效能因素原本只是教育实践者朦胧的感觉或经验。这些要素/因素可为政府、学校和教育实践工作者提供高度提炼的、科学可行的质量提升策略和质量评估标准和指标。

第二，进行理论模式构建。在学校效能和学校改进领域的理论模式构建方面，较早的有卡罗尔（Carroll, 1963）的学校学习模式，墨菲等人的学校技术—环境—学生学习结果模式，由希尔恩斯提出的背景—输入—过程—输出的学校效能模式，思准菲尔德和斯莱文的质量—适切—激励—讲授时间模式，科锐魔思提出的四层面质量—时间—机遇综合教育效能模式，斯托尔和芬克（Stoll&Fink, 1996）提出的学校效能与学校改进的链接模式，萨蒙丝（Sammons, 1999）提出的中等学校效能模式，科锐魔思及其欧盟八国项目团队（2001）所提出的高效能学校改进综合模式，孙河川（Sun, 2003）提出的宏观层面目标—压力—支持高效能学校改进模式，郑燕祥（Cheng, 2006）提出的内部—外界—未来学校效能模式等。在这些模式中，卡罗尔的学校学习模式和科锐魔思及其团队的高效能学校改进综合模式在国际上有相当的影响，前者是早期学校效能领域研究模式的奠基者，而后者则通过大型国际项目开启了西班牙、意大利、葡萄牙、芬兰、希腊以及南美洲国家的学校效能和学校改进研究及实践活动。

第三，学校效能与学校改进流派的结合。从国际学校效能学会创建初期的单纯学校效能研究发展到与学校改进学科的"婚配"结合，无疑是十分正确、重要而关键的一步。学校效能研究所发现的有效因素及其构建的理论模式和研究成果为学校改进运动提供了理论基础和可供操作的"抓手"，而学校改进运动则检验了、丰富了、修正了这些学校效能和学校改进的因素、模式和理论，并关注了教师的专业发展和学校改进的全过程。比较典型的将两个流派结合在一起的大型项目有：加拿大的"哈尔顿有效学校项目"，英国的"全面提升教育质量计划，"美国的"巴克莱—克维特项目"，欧盟八国的"高效能学校改进项目"等。

　　第四，研究层面的扩展。学校效能研究从最初面向中观层面（学校层面和家长层面）以及微观层面（班级层面、学生层面），逐步扩展到宏观层面（国际层面和国家层面、地方层面）。研究层面的扩展进一步揭示：学生的学习结果和学校教育质量的高低是不同层面因素合力影响、相互作用的结果。这种影响并非孤立，在不同层面间相互作用，相互交织。尽管班级层面（含教师效能）和学生层面仍然是提高学校效能和教育效能的刀刃，但宏观层面的影响不容忽视，在一定的条件下，宏观层面的影响，尤其是国家层面政府的导向、教育目标、政策、举措对一个国家的教育及其质量高低有着至关重要的影响，导向和政策的失误往往是最大的失误。国际层面的研究有利于找出跨越各国的共同因素，并使我们以更开阔的视野看待各国和本国的教育。

　　第五，研究方法和统计技术的大发展。学校效能和学校改进的研究方法在过去的二十多年中突飞猛进地发展。最初的研究大多是简单的对基本技能的成绩测试，如测量学生阅读和数学两门功课的成绩，在已有的数据基础上，挑选出正面和负面的极端学校进行对比。后来运用新生的统计分析技术，如分层线性模式，进行学校效能的研究。目前大多运用混合研究方法，即量化分析和质化分析相结合的方法，如：课堂观察、学校实地考察、对学生全天候的在校跟踪观察、多阶模式技术分析，多重因素分析模式等；其次，它逐渐注重以过程为导向的质化变量。近年来，它还通过网络化分析来进行校内人际关系模式的研究。如泰德利等探讨了高效能学校与低效能学校教师之间的关系，他们发现高效能学校的社会关系模式图解是"纵横交错"的，而低效能学校却呈"线状"的。

　　第六，增量法评价（相对进步幅度评价）。新世纪中的学校效能研究以学校对学生的学业成就、高阶思维和各种能力的培养、全面发展等诸多方面的最优化"增量"（既相对的进步幅度）去评价学生的发展和成长。它既可以对学校的总体增量进行评价，也可以对学校内部的不同学科、不同人群进行增量评价。一所成功的学校是对所有学生的进步有增量作用的学校。任春荣教授认为增量法去评价学校效能是一种更为公平、更有意义地体现学校考试成绩的方法，它考虑了学校依靠自身力量难以控制的因素，如学生入学成绩、学生个人及家庭背景等对学生成绩的影响，能够比较精确地估算出学校的相对进步，看到学校、教师、学生所付出努力的效果。在对教育质量的评估中，运用增量法评估学校的质量和效能具有重大意义，它兼顾了教育的公平和质量两个方面。除此之外，由于它的科学性和公平性，在评价的过程中能使被评各方心服口服。

　　第七，实证研究服务于实践。该领域已形成一种既关注结果又关注过程的实证研究，在进行教育政策的制定与实施时的多视角、多层次、多范式的研究模式。它缩短了研究者与实践者、理论与实践的距离，使教育政策的制定能够建立在科学研究的基础之上；另外，从事学校效能研究的大多是高校的专职研究人员和学者，而从事学校改进运动的不少是中小学校长、教师和各级教育行政官员等。学校效能和学校改进的结合无疑使该学校向所有教育工作者敞开了大门，团结了一切可以团结的力量。

第八，大型跨国研究的兴起。学校效能研究需要了解为什么有的效能要素/因素能跨越国界，具有普适性，而有的因素则仅为一国所独有。而只有跨国的国际研究才能获取学校和班级质量的全方位变量，进而探寻潜在的学校和班级效能。在任何一个国家中，学校层面因素中数的变量（如：学校规模、教学楼质量等）和质的变量（如：教师经验、学校文化等）的级差范围都远远小于它们在跨国比较研究中的级差范围。因而，学校以及课堂层面对学生学习成绩真正的影响只能在跨文化的国际比较研究中才能被发现。近年来，教育效能与学校改进领域所进行的大型跨国研究有："高效能学校改进"（ESI），八个欧盟国家参加，该项目的独特之处在于充分吸纳学校效能与学校改进的长处，构建出了被八国所认同的高效能学校改进综合模式，另一个跨国项目是"国际学校效能研究项目"（ISERP），有九个国家或地区参加，该项目运用了学校效能领域最前卫的研究方法。它总结了二十种研究方法，其中十种是质化的研究方法，十种是量化的研究方法。其研究成果《世界顶尖级学校》已在英国和中国高等教育出版社出版。还有一个跨国项目是"国际教师观察与反馈体系（ISTOF）"，其目的是找到一个可以测评教师效能的工具，有美中英等十九个国家或地区参加。从这些大型跨国研究的发现来看，构建高效能学校的许多因素极其相似，不管它们居于何种文化、社会之中。例如在班级层面，高期望值、有效的管理、清晰明了的授课质量这些因素跨越了文化，具有普适性。

通过表3-1，我们发现学校效能理论中"学生层面的效能""课堂教学层面的效能""学校层面领导与管理的效能"可为本研究的一级指标和二级指标提供理论依据。此外，学校领导、学校氛围、教育目标、家校合作关系以及学生的学业成绩等因素也为本研究的质化研究和量化研究提供了理论支撑并成为有效的测评点。

表3-1 学校效能理论各派中的高效能因素

维度/因素	学生层面效能因素	课堂教学层面效能因素	学校层面领导与管理效能因素
Edmonds五因素	1. 对成就的高期望	1. 对学生成就的高期望 2. 对学生成长的经常性评估 3. 强调基础技能	4. 安全有序的学习环境 5. 强有力的教育领导力
Mortimore十二因素	1. 课堂内有限的聚焦 2. 师生间最大化的交流	1. 营造以学习为中心的氛围 2. 师生间最大化的交流 3. 全程精确记录 4. 教师的参与 5. 教师之间的一致性 6. 挑战智力的教学	7. 营造以学习为中心的氛围 8. 领导对成员的有目的性的领导 9. 副职领导的参与 10. 有条理的校园生活 11. 家长参与 12. 向上的校风

维度/因素	学生层面效能因素	课堂教学层面效能因素	学校层面领导与管理效能因素
Creemers高效能课堂层面和学校层面的因素	1.学生的学业成就与其在非认知领域的进步幅度 2.聚焦于学习的时间	1.对学生的高期望值等 2.课堂教学的要求和规则 3.聚焦于学习的时间 4.课程目标和内容的明确程度和安排 5.按能力分组、合作学习等 6.井然有序的课堂气氛	7.对学生的高期望值等 8.对学校课程、学校远景的共识 9.确保课程实施的规章制度等 10.课外作业 11.学校文化 12.视导和评估政策等
Sammons中学效能十一因素	1.最大化的学习时间	1.对学生学习过程的监管 2.评估 3.聚焦学术 4."高期望"值 5.明确公平的纪律 6.评估与反馈	7.同事关系与合作 8.严格的、有目的的领导 9.统一的目标 10.一致的行动 11.明确的、公平的纪律
Reynolds学校效能十二因素	1.学生的学业成就	1.学生的学业成就 2.教师的教学风格 3.课堂教学大纲	4.学校的总体特征 5.家长的影响 6.学校校长 7.学校对学生的期望值 8.学校目标 9.教师之间的关系 10.学校资源 11.与地方教育局的关系 12.学校形象

三、教育政策理论

国内学者对教育政策的意义持有不同的观点，可谓仁者见仁，智者见智。叶澜教授（1991）认为"教育政策是政府或政党制定的有关教育的方针、政策，主要是某一历史时期国家或政党的总任务、总方针、总政策在教育领域内的具体体现"。袁振国教授（2003）认为"教育政策是从国家的最高行政机构到最小的学区行政机构做出的影响两个学校以上行为的行政决定"。萧宗六教授（1997）认为"教育政策是国家或政党为实现教育目标而制定的行政准则"。吴志宏教授（2003）认为"教育政策是政府在一定时期为实现一定教育目的而制定的关于教育事务的行动准则"。张新平教授（1999）认为"教育政策是有关教育的政治措施，是有关教育的权力和利益的具体体现"。孙绵涛教授（2002）认为"教育政策是一种有目的、有组织的动态发展过程，是政党、政府等政治实体在一定历史时期，为了实现一定的教育目标和任务而协调教育的内外关系所规定的行动准则"。祁型雨教授对教育政策的内涵和外延进行了系统的分析：从教育政策的内涵角度讲，教育政策是有关教育利益表达与整合的政治措施和政治行为，是通过保证和促进教育的生存与发展而培养全面自由和谐发展的人，从而促进社会政治经济文化可持续发展的战略性和准则性的规定和行为。从教育政策的外延角度讲，教育政策不仅指一种静态的文件组合，而且包括其真实运行过程；教育政策不同于教育法律，表现在制定主体、调整范围、执行方式、稳定性，以及规范性和确定性特征等方面有所不同；教育政策是指规范两个或两个以上教育组织的规定和行为，不包括学校内部制定的各种规章制度；教育政策不是一般公共政策简单演绎的结果，它在利益分配上有更强的公益性，在活动特征上有更广泛的参与性。

从国内学者对教育政策的定义来看，大多数学者对教育政策的定义都突出了教育政策作为行动依据和准则的意义。现代各国无一例外地借助国家的力量对教育实施计划、指导、协调和控制。各国对教育的领导从根本上来说是政治领导，这种领导主要是通过制定教育政策实现的。为全面提高我国国民素质，保障公民的受教育权利，在我国顺利实施义务教育，保证义务教育质量和我国中小学校的教育质量，我国自 1986 年颁布《义务教育法》开始，推行了一系列提升中小学校教育质量的相关政策，这里我们将近二十年来的国家有关提升中小学校教育质量的相关政策整理如下，如表 3-2 所示。

表 3-2 1994 年以来我国政府颁发的相关政策文件一览表

时间	标志性文件	相关政策内容
1994年	《国务院关于〈中国教育改革与发展纲要〉的实施意见》	明确提出了义务教育的政策目标：到 2000 年全国基本普及九年义务教育（包括初中阶段的职业教育），即占全国总人口 85% 的地区普及九年义务教育。
	《普及九年义务教育评估验收暂行办法》	建立以县（市、区）为单位的评估验收制度。
1999年	《深化教育改革，全面推进素质教育》	地方各级人民政府要继续将"两基"作为教育工作的"重中之重"，确保 2000 年"两基"目标的实现和达标后的巩固与提高。各级政府都要建立健全减轻学生课业负担的监督检查机制。
2001年	《全国教育事业第十个五年计划》	全面提高民族的基本素质，巩固、扩大普及九年义务教育和扫除青壮年文盲成果，确保其"重中之重"的地位。在 2000 年初步实现"两基"的基础上，努力巩固并逐步提高"两基"的水平和质量
	《国务院关于基础教育改革和发展的决定》（国发 [2001]21 号）	完善管理体制，保障经费投入，推进农村义务教育持续健康发展。

时间	标志性文件	相关政策内容
2002年	《关于完善农村义务教育管理体制的通知》	建立义务教育经费保障机制，保证农村义务教育投入。
	《教育部关于积极推进中小学评价与考试制度改革的通知（教基〔2002〕26号）》	第四条明确提出"建立有利于提高学校教育质量的评价体系
2005年	《国务院关于深化农村义务教育经费保障机制改革的通知》（国发〔2005〕43号）	逐步将农村义务教育全面纳入公共财政保障范围，建立中央和地方分项目、按比例分担的农村义务教育经费保障机制。
2008年	《国务院关于做好免除城市义务教育阶段学生学杂费工作的通知》（国发〔2008〕25号）	在全面实施农村义务教育经费保障机制改革的基础上，免除城市义务教育阶段学生学杂费，同时进一步强化政府对义务教育的保障责任。
2010年	《国家中长期教育改革和发展规划纲要（2010-2020年）》	到2020年，全面提高普及水平，全面提高教育质量，基本实现区域内均衡发展，确保适龄儿童少年接受良好义务教育。建立国家义务教育质量基本标准和监测制度。
2011年	《中小学校素质教育督导评估办法（试行）（教督办〔2011〕10号）》	为完善学校督导评估制度，推动学校全面提高教育质量，全面实施素质教育，特颁布了《中小学校素质教育督导评估指标体系框架》。
2012年	《国务院关于深入推进义务教育均衡发展的意见》（国发〔2012〕48号）	充分认识义务教育均衡发展的重要意义，推动优质教育资源共享，保障特殊群体平等接受义务教育，全面提高义务教育质量。
2013年	教育部关于印发《义务教育学校校长专业标准》	《专业标准》是国家对义务教育学校合格校长专业素质的基本要求。要将《专业标准》作为义务教育学校校长管理的重要依据，进一步完善校长任职资格条件和考核评价指标。

随着我国"两基"工作的基本完成，我国教育发展进入了一个从人力资源大国向人力资源强国的转变和全面提升教育质量的新时期，我国对高素质人才的迫切需求极大地提升了对义务教育质量的要求，人们对接受平等受教育权利的渴望使得政府将教育均衡发展的推进提上政府工作日程。教育质量评估标准作为评估学校教育质量的重要参考依据，也日益受到国家和政府的重视，2002年在教育部下发的《教育部关于积极推进中小学评价与考试制度改革的通知（教基〔2002〕26号）》，首次在第四条明确提出"建立有利于提高学校教育质量的评价体系"，并对学校教育质量的评价内容做了明确规定，共包含：学校领导班子、制度与管理、教学研究制度、艺体美活动四大维度并下设二十个二级指标，该指标的颁布首次为各省市制定相应的教育质量评价标准指明了方向，由于其评估内容中的"学校领导班子"和"制度与管理"都属于学校管理的内容，因此该标准实际上包含学校管理、教学研究和艺体美活动三大部分，却缺少了最能体现教育质量的学生综合素质的评

价内容，其中有关学校领导班子的指标最多，包含十项二级指标，其次是制度与管理，共包含六项二级指标，指标数量最少的是教学研究制度和艺体美活动，分别包含两项二级指标。可见学校领导者被视为是对教育质量影响最大的要素，而教育质量的主体——学生要素并没有得到体现。而后，国家于2010年颁布的《国家中长期教育改革和发展规划纲要（2010—2020年）》中明确提出"建立国家义务教育质量基本标准和监测制度"，将义务教育质量评价标准和监测制度的建立正式提上了国家教育工作日程，随后与义务教育质量评估相关的政策相继出台，例如J011年教育部国家教育督导团下发了《中小学校素质教育督导评估办法（试行）》，为全面提高中小学校教育质量，科学评估学校教育质量提供了一个基本的评估框架，为各个省、直辖市进一步制定教育质量评估细则指明了方向，该评估框架共包含办学思想、制度建设、规范办学、德育与活动、课堂教学和办学成效五大维度，其中德育与活动、课堂教学和办学成效所占权重分别为20%，办学思想所占权重为10%，制度建设和规范办学所占权重分别为5%，可见德育与活动、课堂教学和办学成效是该框架最为重要的三个因素，都直接影响着学生的学业成就、道德品质和创新实践能力等综合能力的培养，与2002年颁布的文件不同的是，该框架的五个维度都体现了以学生为本的教育理念，例如"规范办学"中不仅涉及对学校办学行为的规范性要求，更多的是关于减轻学生课业负担和学习压力的要求；"制度建设"的第一项指标就是"建立以服务教学、服务学生为导向的岗位责任制度"，可以看出我国政府的教育质量观念的演进，对学生综合素质和创新实践能力培养的关注逐渐凸显，对教育效能和学校绩效方面也开始关注。2012年和2013年国务院与教育部相继颁布了《国务院关于加强教师队伍建设的意见》和《义务教育学校校长专业标准》，对中小学教师和校长的专业素质制定了专门的评价标准，教师和校长是提高我国义务教育学校教育质量的关键，对教育质量的提升起着至关重要的作用，因而教师和校长评价标准的制定也成为我国中小学校教育质量评价标准的重要组成部分。

教育的迅速发展和效能提升离不开一系列强有力的教育政策和法律法规的支撑，通过"教育政策"理论的综述，可以提炼出领导班子建设、学校制度建设、课堂教学管理、规范办学、德育管理、教育经费投入、办学成效七项维度或指标，为本研究的质化和量化部分提供了很好的借鉴。

四、研究现状

在国内，有关教育质量评估的相关研究有北京师范大学程凤春教授主持的全国教育科学"十五"规划教育部重点课题"中小学教育质量标准研究"，该课题要解决的主要问题包括：国外教育质量标准的设计理念和基本结构、我国中小学校教育质量标准的设计理念、我国中小学校教育质量标准的操作模型。张祥明教授主持的2010年福建省社会科学规划项目《福建省基础教育质量评价》，为提高义务教育阶段的中小学教育质量提出了建议，对于小学主要从教育的均衡发展出发，明确城乡小学均衡发展目标，坚持小学办学的适度规模，立足内涵发展为基点的均衡，聚焦课堂倡导有效教学，提升农村小学教学质量。东北师范大学秦玉友教授主持的国家社科基金教育学青年课题《我国农村义务教育质量指标与底线标准研究》，主要对农村地区的义务教育质量状况进行调查分析，探究能够准确表达农村义务教育质量状况且具有可操作性的指标，以构建出能够准确评估当前农村义务教育质量状况的指标体系。2006年度上海市重大决策咨询课题《上海教育现代化指标体系研究》的分课题《上海教育质量评价体系研究》，是从教育现代化的角度理解教育质量的内涵，对部分发达国家、地区以及国际组织的教育质量评价标准进行比较分析。方丽娜（2010）在其硕士论文《基础教育质量评估的研究：以学生为评估主体的研究》中将研究视角转向学生这一评估主体，提出了以学生为评估主体的基础教育质量观，以马斯洛的五个教育原则为前提，以学生内心对教育的真实想法为基础的满意标准作为评估教育质量的标准，并且提出学生对基础教育质量进行评估的流程以及应注意的相关问题。沈雪霞（2011）的硕士论文《提高基础教育质量——世界银行的立场》指出世界银行在关注基础教育质量所做出的贡献，值得我国借鉴。徐晓（2012）在其硕士论文《区县基础教育质量监控研究》中指出"我国区县基础教育质量监控存在监控机构定位不准、监控范围不均衡、监控内容不全面、监控手段不科学等问题"，并针对问题在深入分析的基础上提出了完善我国区县教育质量监控的建议。

从国内学者的研究现状来看，我国目前急需构建全国统一的教育质量督导评估标准，但是对具体的质量评估指标和标准进行研究的学术成果很少，使得能为我国构建学校教育质量督导评估标准提供参考借鉴的成果具有较大的局限性。有关教育质量督导评估标准的研究都是在较为宏观的国家层面围绕义务质量的评估框架进行探讨，而在中观层面和微观层面对具体省份的相关督导评估标准的研究则非常罕见，对质化研究的成果用量化研究（数千名来自第一线的教师和校长、教研员、督学等）加以验证的研究更是凤毛麟角，因此本研究具有重大的理论意义和重大的现实意义。

从国际上看，自20世纪90年代以来，世界教育进入基于标准的提高质量时代。提高质量标准成为各国追求优质教育资源公平和提升教育效能的新目标。以结果为导向、以可应用为目标、以促进学生全面发展为宗旨，这成为当今世界发达国家教育改革的重要取向。虽然教育质量是一个随时间和地域变化而变化的动态概念，教育质量和水平的高低也是相对而言的，但相对并不意味着标准的缺失。因而，联合国教科文组织鼓励各国开发可以测量符合国际定义、标准、目的或目标的高质量教育评估指标体系，并宣称这是一个国家教育现代化和管理科学化的重要标志。在美国，"美国国家教育进展评估"（NAEP）定期对全美的中小学学生进行阅读、数学、科学、写作、历史、公民教育、地理等学科的测试和评估，并提供国家层面、州层面以及地区层面学生学习成绩的信息。成为全美对教育发展进行评估的不可分割的重要组成成分。近年来美国联邦教育法更要求各州每年对3~8年级的所有学生进行阅读和数学测试，对学生的学业成就进行追踪监测，并将学生的学业成就与政府对学校的拨款直接相关联，明确提出"通过高标准和效能评估来实现平等"。在英国，追求卓越的学校教育成为英国政府 1997 年教育白皮书、2009 年新教育白皮书和 2010 年教育发展计划的主要内容。2009 年英国政府官方网站称：要提升英国的核心竞争力，使之在全球经济竞争中立于不败之地，英国的教育应当达到世界顶级水平。英国出台了一系列的举措，其中包括规定从 2010 年起，教师证书必须每五年更新一次，在教育与就业部中专门成立了"标准与效能部门"。建立了全国统一的国家课程和中小学课程标准。通过教师培训机构将国家教师新标准介绍给教师，校长聘任的前提是必须取得国家职业校长资格证书。政府还要求每所学校都设立学校改进目标，家庭与学校合作协议和家庭作业成为立法的主题，政府增加了对地方教育局问责制的压力。每个地方教育局必须拟定帮助辖区内学校改进的计划并建立起有效的他评和自评机制。高等教育同样也受到了这种不断增长的问责制与绩效评估的影响。科研经费越来越多地取决于使用者的评价，评估结果产生的等级作为高等教育基金划拨科研经费的依据。在国家层面实施的政策更强化了对卓越教育的追求：在媒体与政府网站公布学校绩效排行榜和对每一所学校的督导报告，对教育质量不合格的学校，教育督导部门有权向政府建议"封校"和"杀校"。在西班牙，教育部成立了国家教育质量和评估中心，在全国教育系统开展评估以提质增效。评估者为教育督导机构和教师与资源中心。在芬兰，各级政府和学校近年来更加关注教育改革、教育效能和教育经济。从 1999 年开始实施的新教育法规要求芬兰学校必须使用自评和外评两种方法对本校的效能、资源利用率和学校的影响力进行评估。芬兰国家教育委员会专门为此设计了整套的评估指标体系。日本提出 21 世纪的日本孩子不但是日本的国民，更是地球的公民。它将培养人的目标定位在国际人层面，以建设世界顶级教育为己任。它规定从 2009 年起教师资格证书每十年更新一次，并在课程大纲中增加学时。在教育质量监控与评价方面，还有不少国家也进行了积极的探索，国际上也成立了专门的研究机构从事专门的研究，例如由经济合作与发展组织负责的国际学生评价项目，由国际教育成就评价协会开展的数学和科学成就比较研究，由美国教育部所属的全美教育统计资料中心管理的教育进展评价，等等。

五、研究方法

本研究主要采用文献检索法、访谈调查法、问卷调查法以收集相关信息资料。采用比较研究、统计分析等研究方法对资料进行分析。借助统计分析中的因素分析法、信度分析、重要性平均值等作为量化研究部分的主要研究方法和研究路径。

（一）文献检索法

本研究主要通过电子类文献和非电子类文献这两类文献来源，并运用"顺查法""逆查法""跟踪查找法""引文查找法"等在两类文献资源中，对"中小学校教育质量评价标准"进行文献检索。以沈阳师范大学图书馆、沈阳师范大学教育经济与管理资料室作为非电子文献为查找途径，借阅书籍、报刊等文献。查找内容主要围绕"中小学校教育质量""中小学校教育质量评价""中小学校教育质量督导评价标准"等关键词，最终得到有关"教育质量"书籍35本、有关"学校效能"著作5部，有关"教育评价"书籍102本。此外，运用沈阳师范大学图书馆提供的数字图书馆收集电子类文献，以"教育质量""教育质量督导评估"和"教育质量督导评估标准"作为关键词对中国期刊全文数据库、中国优秀博硕士学位论文全文数据库、中国重要报纸全文数据库、中国重要会议论文全文数据库、人民大学复印报刊资料全文数据库、万方数据库、Google网、baidu网、WorldSciNet网、读秀网、中国教育网以及相关官方网页有关教育质量评价标准的中文和外文资料进行文献检索，共获得1991—2013年的相关文献156篇，其中博士学位论文32篇，硕士学位论文33篇，期刊论文32篇，国内外会议论文26篇，报纸文献22篇，年鉴11部。

（二）访谈调查法

本研究采用访谈调查法了解被试对学校的硬件设施以及软件方面的总体看法，获知被试对辽宁省现有的中小学校教育质量督导评估标准的科学性、合理性的意见，以及被试所在学校是否能够达到辽宁省乃至国家现有的教育质量评估标准，达标存在哪些问题和困难等方面的信息，并结合我国的国情，获得被试认可的而现有督导评估标准中没有提及的重要因素。

由于本节中的研究对象既包含学校基本办学条件方面硬件设施标准，也包括学校管理、师资队伍建设、课堂教学和学生教育方面等软件标准，因此被访谈对象应具备丰富的理论知识和实践经验，访谈对象以辽宁省内中小学校长以及具有督导实践经验的督学为主。为了使研究的视角更为全面，以获得更为可靠、真实的信息，投身于教育事业一线的教师和学校的其他管理人员也被纳入访谈对象中。本研究采用了半结构化访谈的方式，对二十人进行访谈，访谈对象包括：中小学校长、省市县级督学、教育专家及管理者以及中小学教师。

（三）比较研究法

比较研究法是根据一定的标准，对两个或两个以上有联系的事物进行考察，寻找其异同，探求教育之普遍与特殊规律的方法。本研究分为域外和域内的比较研究两部分，其中域内研究又分为学校办学条件（硬件）和教育质量（软件）两方面。在学校办学条件的比较中，根据我国的地域划分情况，从各地区选取辽宁省、吉林省、上海市、广东省、四川省和湖南省作为各个代表，并将其办学条件的督导评估标准的一、二级指标进行比较分析。借鉴教育效能领域的层面和因素划分法，将教育质量督导评估标准划分为国家层面、学校层面、课堂教学层面和学生层面，根据这四个层面对国内十个省市的教育质量督导评估标准逐一进行比较，然后进行域外比较。在教育质量督导评估标准的比较中，为了保证研究结果的可信度，又增加了北京市、天津市、陕西省和山东省四个省市，并对这十个省市最新颁布的教育质量督导评估标准的一、二级指标进行比较分析。

在对域外发达国家的评估标准研究部分，主要选取美国、英国、荷兰三个发达国家，以及联合国教科文组织和世界经合组织这两个影响力较大的国际组织，将其制定的教育质量评估标准的一、二级指标进行比较分析，从而提炼出值得我国学习借鉴的评估维度和标准，并通过访谈、调查问卷收集到的相关数据和资料，加以梳理、整合，提炼出符合我国国情的、并有益于修订和构建我国学校教育质量督导评估指标体系的要素。

（四）统计分析法

本研究采用 SPSS170 和 Excel 统计软件对回收的数据进行了统计分析。在分析方法上，运用了描述性统计、因素分析等方法，其中描述性统计主要用于对被试基本信息的统计。因素分析是处理多变量数据的一种统计方法，它可以揭示多变量之间的关系，其主要目的是从为数众多的可观测的变量中概括和综合少数几个因素，用较少的因素变量来最大限度地概括和解释原有的观测信息，从而建立起简洁的概念系统，揭示出事物之间本质的联系。因素分析的条件是：第一，因素分析的变量都是连续变量，符合线性关系的假设；第二，抽样过程必须随机，并具有一定规模。专家建议，样本数不能低于100；第三，变量之间具有一定程度的相关。以上问题可通过 KMO 和球形检验来确定是否适合做因素分析。

第三节 关于高等教育评价标准过程的演变

管理是现代文明的三大支柱之一，向管理要质量、向管理要效益的时代早已到来。评价作为管理的重要职能之一，它是如何履行应有职能的，面对当前的教育发展态势，我们应在教育评价中怎样更好地发挥它的作用，以下就这些问题做一些探讨。

一、教育评价与管理的关系

"评价的过程也是个管理过程而在实施管理的过程中，当然也要进行评价。管理的对象领域也是评价的对象领域，两者关系极为密切，可以说是融为一体的。"能否正确处理这一关系直接影响到教育评价的成功实施以及评价目的的达成。

第一，管理中的评价。从管理学上看，评价属于一种管理行为，它发挥着同其他管理行为如计划、组织等同样的作用，使各类教育活动能顺利开展提高教育教学工作效率，从而提高教育质量。然而，评价又是一种特殊的管理行为，特殊性首先表现在评价对管理的特殊作用上，最突出的表现是评价强化了各类管理行为，提高管理绩效。其次，特殊性还表现在它对教育活动的特殊作用上，这主要是指评价的导向、诊断、调控、改进等功能。总的来说，教育评价的这些特殊作用有利于加强教育系统运行的宏观指导和管理，督促学校达到基本的质量要求；有利于促进学校整体工作的优化，促使教育活动朝着预定的目标逼近；有利于调动社会各方面的力量关心学校教育；有利于促进教育改革的深入发展，保证改革沿着正确的方向前进；有利于建立具有中国特色的教育体系。

第二，评价中的管理。评价不仅仅隶属于管理，其自身也需要管理。作为一种普通的实践活动评价有它要实现的目标，有多人参与的各种活动如明确评价目的、对象，制定评价标准，收集、整理处理信息，撰写评价报告，反馈评价结果等这些决定了评价中必须介入管理，以提高效率并达成目标。评价中的管理不仅仅表现在评价过程中的许多事宜需要管理上，还表现在评价过程中对事实和价值进行判断时贯彻着一定的管理思想。例如评价主体在某校发现该校教师生活及工作条件艰苦时对此该做如何处理呢？很显然有这样两种取向或建议：认可或强烈反对。认可则置之不理，强烈反对则会建议学校领导大力改善办学条件。从更深层次看，不管是何种取向，评价主体这时有意或无意地奉行着一定的管理思想：前者为"工具人"或"经济人"理论，后者为"社会人"或人本管理思想。

二、教育评价中的管理思想

管理理论的发展直接或间接地对教育管理理论及实践产生着影响，而教育评价自然也或快或慢地受其影响。这不仅是因为评价本身就是一种管理行为，还因为评价对象是受一定管理思想支配的教育活动，因此，教育评价必须体现一定的管理思想才能有效地促进教育活动的顺利开展以提高管理效率。

自从有了教育评价，其中就渗入了一定的管理思想。有什么样的管理思想就有什么样的教育评价。19世纪末20世纪初，弗雷德里克，泰勒提出的"科学管理"思想标志着人类由经验管理模式向依靠知识的科学模式过渡。这一思想直接促进了教育界的管理工作朝向标准化、定量化、程序化和效率化迈进，这些工作就包括教育评价。教育测量运动正是在这一基础上兴起的，运动中出现的各种形式的"测验"与"考试"，其中对标准化、数量化、客观化的追求就深刻地体现了评价"科学性"的萌芽。随后出现的拉尔夫，泰勒评价模式尽管较以前有很大进步，它侧重考察实际结果与教育目标的一致性程度，但其中对效率与标准的追求同样明显。然而随着新的管理思想不断提出这些评价理论及实践也相继受到了挑战。20世纪30年代梅奥通过八年的"霍桑实验"提出了人际关系学说，从而拉开了行为科学理论研究的序幕，50年代后，这一理论开始在社会各界广泛应用。与此前后，系统管理理论则以其特有的"魅力"很快渗入管理活动的各个角落。受这些思想的影响教育评价中"人"的主体地位得以不断凸显。克龙巴赫在反对把评价仅当作具有"威胁性"的总结性评价时拒绝把评价当作一种判断的过程"相反，一个非判断性的评价定义，如'为决策提供信息'也许会顺利地被评价者和使用者采用"；库巴和林肯则基于价值多元化提出"评价是评价者与其对象双方交互作用形成共同的心理建构的过程"；而斯塔克（REStake）提出的应答模式强调"通过评价者与评价有关的各方面人员之间持续不断的对话"，了解他们的愿望，以满足各种人的需要"，则更体现了民主与平等精神。研究者提出的"评价重点应放在教育过程之中不是过程结束之后"，以及 CIPP 评价模式等则明显受到系统理论的影响。当然教育评价的发展有其自身内在的规律，但它与教育管理的密切关系决定了它深受各种管理思想的影响。20 世纪 60 年代以来，全面质量管理（TQM）逐渐兴起，这成为影响教育评价的又一强大力量。正是在各种管理理论的不断影响下教育评价才得以从各个不同角度丰富与发展：由重视评价的工具性到工具性与目的性的统一，由关注结果到结果与过程的结合由侧重"量"的评价到"质"与"量"的统一等。

综观当今世界出现的管理思想，最具影响力的莫过于全面质量管理同样教育评价也无不受其影响。在我国，全面质量管理思想运用于教育领域的理论研究已有多年，实践中也有许多自觉或不自觉应用的范例，如许多学校已通过了基于全面质量管理思想的 ISO 质量认证，但从总体上看，我国教育管理及评价界并没有在思想上全面接受这一管理理念，更没有在实践中系统引进并加以应用。全面质量管理已成为大势所趋，教育评价也应全面、系统地贯彻这一思想。

三、全面质量管理及其在评价中的贯彻

全面质量管理理论是在质量管理历史上继事后检验与统计管理之后的全新管理理念，在 20 世纪 60 年代由美国管理专家菲根鲍姆（Fiegenbaum）等人提出，后经世界级管理大师如戴明（WEDeming）、朱兰、克劳士比（PBCrosby）等人在理论上的不断丰富完善，再加上他们在管理实践中所取得的巨大成绩使其很快成为世界公认的一流管理理论并风靡全球。当前三大世界质量奖，即日本的戴明奖、美国的国家质量奖与欧洲质量奖，以及世界标准化组织的 ISO 质量管理体系，无一不是建立在全面质量管理理论基础之上。

全面质量管理指导思想在于：企业或组织的根本目的是为服务对象做贡献并满足其需要；从整体出发把握质量；质量管理要以预防为主，把问题消灭在工作开始之前或过程之中；质量管理必须科学化。全面质量管理所追求的结果：更低的成本、更高的收益、活性化的雇员、悦服的顾客，其中活性化的雇员即指雇员能做到自我控制、懂得如何变革过程并改进绩效等。全面质量管理的三个基本概念：以顾客为中心、持续改进和每个雇员的价值（即突出员工的主体地位，员工参与决策及其他过程）。三大推动力：协调一致、耦合（过程管理或系统思考，即连接公司所有部门和职能的活动与努力）和复制（即推广成功之策）。三个关键过程：质量计划、质量控制和质量改进。全面质量管理的基础架构中关键要素有：质量体系、顾客—供应商伙伴关系、全员参与、测量与信息和教育和培训。

1998 年美国将国家质量奖评奖范围扩展到教育领域，其评奖准则即卓越绩效准则（CriteriaforPerformanceExcellence）。现以 2005 年版该准则为例，探析评价中如何贯彻全面质量管理思想。在该准则中，全面质量管理思想主要体现在以下几个方面：第一，对以顾客为中心的结果的强调。在该准则中，绩效结果占总分值的 45%，主要包括学生、学生利

益相关者、教职工、财务及社会责任等方面，这些也正是教育组织满足社会及个人需要的关键方面，或者说是组织存在的根本价值所在；第二，以结果为导向，抓住过程中与结果紧密相关的环节。除结果外其他六个维度都为过程要素，其中领导、战略计划以及学生、利益相关者与市场代表着领导三元组，突出了领导依据学生、利益相关者与市场制定发展战略的重要性。教职工、过程管理和组织绩效结果代表着结果三元组即绩效结果的工作是由教职工通过其关键过程来实现的。对于组织绩效和竞争性改进体系而言，测量、分析研究和知识管理起着至关重要的作用，它构成了绩效管理系统的基础；第三，体现了质量管理三部曲即质量计划、控制与改进。准则中对战略计划、测量分析与知识管理及过程管理的突出充分体现了这一思想；第四，对教职工的关注。在准则中，"教职工"列为七个维度之一，考察的指标包括教职工的"工作系统、学习与激励及福祉与满意"等方面情况。在对"工作系统"中的要点"工作的组织与管理"考察时要求被评组织回答："你如何组织与管理工作和职位，以促进合作、主动性、活化性、创新和组织文化的？你的工作系统如何充分利用教职工以及与你交互作用的社会共同体的多样性的创意、文化和思想？"等，而且对教职工的强调遍布于准则的其他各方面，如在对"领导"维度中的指标"沟通与组织绩效"考察时要求被评组织说明："高层领导者是如何在整个组织中与全体教职工进行沟通并激活和激励他们的？高层领导者是如何鼓励在整个组织中公开和双向沟通的？"等，突出教职工的主体地位深刻体现了全面质量管理中的人本精神。

美国卓越绩效准则是个庞大复杂的、各要素紧密联系的评价体系，其中处处透露着全面管理思想。"卓越绩效准则为各类组织实施 TQM 提供了一种更加有力的手段。用农业上的灌溉术语来类比的话，传统的 TQM 是一种'漫灌'，看起来声势很大，但效果未必令人满意。而卓越绩效准则则是一种'滴灌'，每一分钟努力都被输送到了最需要的地方。"

第四节　关于高等教育评价标准价值的演变

自从评价诞生，它就与价值问题紧密相连。弄清评价中的价值问题是正确进行评价的前提；确立正确的价值取向，则是进行正确价值判断的直接依据。

一、评价与价值

（一）评价与价值

教育评价与价值有着极为密切的关系，评价即评定价值，因此，讨论教育评价无不涉及价值问题。谈到价值，研究界通常以马克思主义价值观为基础。马克思认为，"价值这个普遍的概念是从人们对待满足他们需要的外界物的关系中产生的""价值是人们所利用的并表现了对人的需要的关系的物的属性"。由此可见，价值与人的需要有关，价值反映的是价值客体满足价值主体需要的关系。实践活动总是由主体和客体构成，主体通常是参与实践活动的人，客体则可以是人，也可以是物，也可以是人作用于物的活动。然而，价值主、客体与实践主、客体并非一一对应，价值主、客体具体所指是由需要和满足需要的关系决定的，因此，价值主体或客体可以是人、物或者人与物的组合。

（二）价值取向

价值与需要紧密相连，"'需要'指的是主体在生存和发展过程中由于某一方面缺乏而引起的一种摄取状态，这种状态形成了主体生存和发展的客观依据"。很显然，需要具有主观性、相对性，价值也同样如此，这正是价值观具有差异性的根本原因。价值取向就是在多样的价值需要中所持的一种倾向性，它集中体现在用于价值判断的价值标准或价值尺度之中不管是观念上的还是观念化了的符号。然而，"人"的地位不断上升以及随之而来的价值多元化决定了确立正确的价值取向更为重要，也更富有挑战性。很显然正确的价值取向不能游走于不同主体的需要之间，也不能依自己的好恶，而必须从更高层次科学合理地把握。正确的价值取向对评价活动至关重要，它不仅有利于做出正确的价值判断更有利于在一定范围内引领价值追求、促进价值提升。

二、教育评价中的价值关系

（一）价值关系

从哲学上看，价值是一种关系范畴。在教育评价中，既存在价值关系也有着评价关系。正如王汉澜所述："在评价活动中，存在着两个层次的主客体关系。第一层次是价值关系，它反映主体 I 与客体 I 的关系。第二层次是评价关系，在这一关系中，第一层次（价值关系）作为一种独立的客体，为客体 II 而因评价主体不同使评价关系具有两种不同的表现形式，第一种是主体 I 作为评价主体，对它自身与客体 I 形成的价值关系的评价；另一种是外在的主体 II 对主体 I 与客体 I 之间的价值关系的评价。"

实际上，如果对教育评价做进一步分析，我们会发现还存在另一种价值关系，即教育评价价值关系。在这一关系中，评价关系就成为教育评价价值客体 III，这时价值主体取决于评价主体，这里所说的评价主体并不是指评价主体本人，而是指他所代表的群体，因为评价主体总是以代表的身份进入评价活动。评价主体可以代表社会、教育行政部门、学校、教师或者学生，那么价值主体则一一随之。人们从事教育评价这一实践活动，有其目的，从而也有其从中所获得的需要，需要得到了满足，则体现出了教育评价的价值。

总的来说当评价主体代表社会时，其要满足的是社会发展需要，然而社会发展要以教育事业发展为前提，因此可以说，代表社会就如代表教育行政部门一样，都是要满足教育事业发展的需要。鉴于此，教育评价的价值主体主要包括师生、学校和教育事业。

（二）教育价值与教育评价价值

教育评价就是对教育活动中客体满足主体需要程度的判断，教育价值的客体即教育者参与的教育活动，而主体即为个体与社会。如金娣、王刚所指出的，"所谓教育价值就是指教育能够满足人和社会需要的程度。具体来说，教育价值主要体现在两个方面：教育对人发展的价值和社会的价值。教育对人的发展的价值主要是指教育对人的精神需要、物质需要的满足。教育的社会价值主要是指主体对教育在社会内容方面的价值，它大致包括教育的政治价值、经济价值和文化价值"。陈玉琨也从这一角度分析了教育价值："社会对教育的需要由个体（受教育者本人及其家长）以及国家、地区对教育的需要两部分组成。"个体对教育的需求包括职业的需要、成就的需要和求真与求善的需要。国家、地区对教育的需要包括政治发展的需要、经济发展的需要和文化发展的需要。然而需要指出的是教育价值中的个体不只包括学生及其家长。实际上，价值主客体之间并非绝对的，将整个教育事业看作价值客体价值主体则是家长、社区及社会；将教育工作者参与的教育活动看作价值客体，价值主体就是学生；将教育活动看作价值客体，则教育者即是价值主体。也正是在这一意义上吴刚将教育价值从两个层次上做了具体分析，他认为第一个层次即教育与社会和个体间的价值，第二个层次就是包括教师与学生之间的价值关系（一定条件下教育者与受教育者互为主客体），教师、学生（价值主体）与教育情境、教育媒体（价值客体）之间的价值关系，因此，在教育价值关系中，价值主体中的个体总的来看应包括学生、家长及教育者。对教师来说，教育活动要满足其专业发展、人格的认同与尊重、工作条件的改善以及工资福利的提高等方面需要。在教育实践中，由于教师在教育事业中的核心地位决定了满足他们需要的特殊意义，他们需要的满足及其程度决定了教育其他价值的实现及实现程度。

从上述价值关系中可以看到，教育评价价值客体即评价活动，而主体即为师生、学校及教育事业，教育评价价值也就是教育评价活动对师生、学校及教育事业需要的满足。教育评价价值并不等同于教育评价功能或作用，就如同不能将教育价值等同于教育功能一样。价值与功能尽管在日常生活中可代换使用，但它们是有区别的，价值是从需要与满足需要的关系角度上说的，而功能仅是从物的有用性上讲的，如果将价值降格为功能，则会削弱教育评价活动对其多方面价值主体需要的满足力度。教育评价价值也不等同于教育价值。教育评价价值与教育价值关系密切，但并不是一回事。教育评价作为一种普遍的、一般的教育活动，它的价值即教育价值，在这一意义上它们是同等的，但是，教育评价作为一种特殊的、个别的教育活动，其价值又有特殊性而这才是评价研究界与实践界所特指的，也是更富有意义的一面。从特殊性上看，首先，教育评价要满足教育事业的需要，主要包括满足教育活动能够朝向理想目标前进的需要，满足调节和控制教育活动使其不断改进和完善的需要等；其次，在学校层面上，教育评价要满足学校教育教学及管理等科学而合理、有序并有效开展的需要，满足校内各类人、事、活动不断改善与提高的需要；再者，在个人层面上，教育评价要满足个人了解自己并明确努力方向的需要，满足个人行为正确并不断进步的需要。总的来看，教育评价的价值就在于满足师生、学校及教育事业发展的需要。简单地说，教育价值在于满足发展的需要，教育评价价值则在于更好地满足发展的需要；教育价值体现的是人们得以满足的具体内容与方向，教育评价价值体现的是人们得以满足的方式方法与手段；教育价值指向师生、家长及社会（区），教育评价价值则指向师生、学校及教育事业。

从价值关系上来看，教育评价实质上是对教育活动进行价值判断，在引领价值追求并促进价值提升中更好地满足个人、学校及教育事业的需要。正如陈玉琨所说，教育评价"是对教育活动现实的（已经取得的）或潜在的（还未取得，但有可能取得的）价值做出判断，以期达到教育价值增值的过程"。刘志军也指出："教育评价通过判断价值和发现价值，实现着提升教育价值的目的，也就是说，达到教育价值增值的目的"。教育评价满足了个人、学校及教育事业发展的需要也就意味着教育评价实现了"价值增值"或"价值提升"。

三、教育评价的价值取向

上述教育价值及教育评价价值都是从"应然"的角度谈其取向的，然而，在实践中它们是否实现了这些价值以及实现程度如何，这是评价主体在评价活动中所要面对的更为重要的问题。以下原则将更有助于人们做出正确的价值判断。

合目的性与合规律性的统一。马克思将实践引入价值观，把人类的社会实践作为衡量价值的客观标准，由此得出只有既合乎客观事物发展规律又能合乎实践主体目的的事物，或者说，既合乎客观真理又能满足人们需要的事物，就是有价值的，价值是"真、善、美"的高度统一。按照这一观点，教育活动包括教育评价只有既合规律性又合目的性才是有价值的。合乎规律首先要合乎社会发展规律，不能脱离社会当前的发展水平；其次要合乎人的发展规律，人的身心发展是有规律可循的，在知识、能力、情感与态度等方面的进步也不是可以凭空达到的；再次，要合乎教育事业自身的发展规律，教育事业由于其特殊工作者及工作对象的特殊而不同于其他社会活动，在漫长的发展中所体现出的在教育、教学特别是在管理中的规律也是各类教育活动所必须遵循的。合目的性就是要满足人的需要，促进人的全面发展。任何社会实践活动包括教育活动其目的只有一个，即促进人的发展，其中人既是目的也是手段，应该是目的与手段的统一，人们在实践中借助自身去实现满足自己需要的目的。正是由于这种统一，社会与人得以紧密联系并共同发展。

工具理性与价值理性的统一。教育活动是一种有目的的理性活动，然而，在长期的实践活动中这一理性逐渐出现了工具理性与价值理性的分野，而且工具理性的不断膨胀严重抑制价值理性的张扬。工具理性是通过精确计算功利的方法最有效达成目的的理性，是一种以工具崇拜和技术主义为生存目标的价值观。它注重的是"物"的世界，关注的是事物本身内部的客观规律。与之相反取向的价值理性，却注重教育彰显人的价值，关注人的需要与人的发展，一切活动力求合目的性，摒弃"物化"人的一切观念与行为。实质上，这两类价值观是连为一体的，只是由于人们功利主义、效率主义等的过度膨胀才导致两者的分离。一方面，价值理性的实现，必须以工具理性为前提，只要有一种价值理性的存在，就必须有相应的工具理性来实现这种价值的预设，没有工具理性，价值理性的实现就是如同水中捞月；另一方面，工具理性是为价值理性服务的，价值理性从本质上规定了工具理性，人之所以为人，是因为人的价值理性。从这对关系上看，教育与教育评价要实现它们的价值，首先要体现出它们的工具性价值，在遵循客观规律基础上不断追求效率；然而这一切工作又要以价值理性作为出发点和归宿点。尽管由于当前我国社会发展状况决定了教育活动更多地倾向工具性价值，但在教育中人的发展受到摧残、个性受到压抑，以及评价所带来的"个人"忧虑、恐慌则是不可取的。

此外，在进行价值判断中还必须坚持个体价值与社会价值的统一。教育既有社会价值也有个人价值，社会价值与个人价值也是紧密联系在一起的。一方面，社会发展的水平决定了作为其成员的个体发展的可能性，离开社会价值的追求，个人价值就没有保障；另一方面，社会的发展也离不开个体的发展，不可能有脱离个体价值的社会价值。"当代教育智慧已经提醒人们，不要重复'一边倒'的教训。"

第五节　关于高等教育评价标准与教学质量关系的演变

要把教育大国变成教育强国，提升教育质量乃是关键。正因为如此，"质量是学校发展的生命线""质量为本""质量兴校""质量立校"等口号比比皆是。然而什么是教育质量？如何对教育质量开展评价？本节将就此问题展开探讨。

一、教育评价与教育质量的关系

"教育评价的目的（即评价活动所要达到的境地）是为了促进教育改革，提高教育质量"。"教育评价是在系统地、科学地和全面地搜集、整理、处理教育信息的基础上，对教育的价值做出判断的过程，目的在于促进教育改革，提高教育质量。""现代教育评价的目的是'创造适合儿童的教育'。它是为不断完善和改进教育过程，为提高教育质量服务的。"而我国有关教育评价的政策文件中也做了规定，1990年的《普通高等学校教育评估暂行规定》中指出："普通高等学校教育评估的主要目的，是增强高等学校主动适应社会需要的能力，发挥社会对学校教育的监督作用，自觉坚持高等教育的社会主义方向不断提高办学水平和教育质量，更好地为社会主义建设服务。"1997年的《普通中小学校督导评估工作指导纲要（修订稿）》中也做了类似的规定。这些论述表明了：教育评价与教育质量关系密切，而且提高教育质量是教育评价目的的一个重要方面。然而值得一提的是，由于教育质量这一概念的模糊性，究竟它们所指是否同一却难以定论。

实际上，教育质量是个见仁见智的概念。教育质量是"学校根据国家教育方针政策的要求，为满足特定的社会和学生发展的需要而确立的教育目标，设计、组织、实施的旨在实现这一目标的教育活动达到预期效果的度量"。"教育质量是在既定的社会条件下，在教育活动客观规律与学科自身逻辑关系的限制下，一定的教育所培养的人才满足社会需要的程度与促进学生身心发展的程度。""所谓教育质量，就是教育者所生产的产品或提供的服务的优劣水平，是教育机构和教育系统的目标实现程度，也是教育生产者或教育服务提供者所提供的教育服务能够满足社会和受教育者个人需要的能力特征的总和。"尽管教育质量这一概念存在各种表述，但它们有一个共同点，即教育质量体现为教育满足个体和社会需要的能力或水平。这正如国际标准化组织对"质量"所下的定义："产品、体系或过程的一组固有特性满足顾客和其他相关方要求的能力。"至此，可以明了，提高教育质量就是要提高教育满足个体与社会发展需要的能力；评价以提高教育质量为目的，也就是以评价促进教育满足师生、学校及教育事业发展的需要。

教育价值取决于教育活动满足个体及社会需要的程度；教育质量是指教育活动满足个体及社会需要的能力。教育价值与教育质量之间有着明显的区别：价值属于哲学范畴，而质量属于管理学概念；价值一般以大与小，有与无等加以修饰，而质量则以优与劣，好与歹，高与低等加以界定。然而二者之间又有一定的内在联系，即都以客观实践活动对实践主体的需要满足为衡量标准，实现了教育价值或发生了价值增值都意味着教育质量的提高，因此从哲学上看，教育评价是对教育满足个体和社会需要程度加以判断，评价的根本目的在于判断价值、引领价值并提升价值；从管理学上来看，教育评价就是对教育满足个体和社会能力的考察，其根本目则是提高教育质量。

二、教育评价中质量目标的历史追求

"质量"一词最早应用于工业领域，后逐渐推移到教育领域，而如今它已成为各级组织各个行业致力追求的目标，因此，要了解教育评价中质量目标的演变还得从工业领域中"质量"内涵的变化谈起。20世纪初到50年代人们所理解的质量是指产品的"符合性"质量，即产品满足规格要求的能力或程度，生产出的产品达到了设计中的规格要求就算是质量达标；50年代到80年代，产品质量由"符合性"转变成"适用性"，即产品在使用时能成功地满足顾客需要的程度，"为顾客所用"成为衡量质量的最高标准；80年代以后，人们逐渐接受"满意性"质量，即产品和服务要到令顾客满意的程度。产品具有"符合性"和"适用性"，只能说明顾客不会不满但不能确保顾客一定购买，只有在此基础上还能令顾客满意才是达到质量要求。"满意性"质量综合了前两者的含义，用国际标准化组织所下的定义，"质量"即"产品、体系或过程的一组固有特性满足顾客和其他相关方要求的能力"。

随着"质量"含义的不断变化，教育领域对质量的理解也或快或慢、或多或少地发生相应的转变，而作为"指挥棒"性质的教育评价自然也采用了不同的质量评价标准。就"符合性"质量来说，人们认为学校教育质量反映在它的特殊"产品"，即学生上，而所要"符合"的就是教育目标，评价其符合程度就是依学生在体现教育目标的测验中所获得的成绩而定，学生的学业成绩成了这一时期的唯一质量评价标准。在"适用性"阶段，人们不仅关注学生的学业成绩，同时也重视学生成功地满足他人需要的程度，也就是满足雇用单位和在高一年级就读时的需要程度，因此，评价在前一基础上，更重视学生的升学率、毕业率、就业情况等。20世纪80年代以来，人们逐渐认识到"符合性"质量与"适用性"质量的局限，评价不能仅从教与学的结果上来衡量，质量是过程的产物，评价应从系统的角度全面把握，以满足利益相关者的需要为最高准则。如英国的大学绩效指标"必须包括投入、过程、输出指标，否则高等院校的效率和效益难以测评"。我国上海市教育质量评估组认为，教育质量的内涵涉及学习者特征、背景、输入、教与学、结果等方面。从这五个方面可以比较全面地理解教育质量，同时也可以从这些方面来监测和改进教育质量。"教育质量是通过一系列具体的教育教学活动获得的，是过程的产物。高质量的教育活动，不是以教育目标的实现程度来衡量的，而是以其有效满足国家、社会的需要，满足学生成长发展需要的程度来衡量的。"实际上，这正是我们所熟知的全面质量观。当前，全面质量观已深入人心并在教育评价中得到一定程度的体现。

然而，在我国教育评价实践中依然存在着许多固守传统评价思想的现象，这既不利于学生素质的有效提升更不利于教育事业的健康发展，因此，在教育评价中树立正确的质量观就极为必要。

三、教育评价中的正确质量观

教育质量观集中体现在教育质量的定义中，实际上，当前我国许多有关教育质量的定义正是基于质量发展的前沿理论的"满意性"质量。如教育质量是"学校根据国家教育方针政策的要求，为满足特定的社会和学生发展的需要而确立的教育目标设计、组织、实施的旨在实现这一目标的教育活动达到预期效果的度量"；"教育质量是在既定的社会条件下，在教育活动客观规律与学科自身逻辑关系的限制下，一定的教育所培养的人才满足社会需要的程度与促进学生身心发展的程度"，等等。"满足个体和社会需要"已成为教育质量观的核心。

从工业领域的质量观来看教育质量，我们应注意以下几点：第一，学校教育质量体现在学校所有工作过程及其产生的结果之中，学生素质与学校提供的其他形式服务的质量只是其中一个重要方面；学校的"顾客"包括社会（区）、家长以及学校所有成员；第二，高质量是所有活动的共同结晶，而不是哪个人或部门的产物。正如人们所说的"木桶原理木桶的每一块板子都必须有足够的长才能确保组织的竞争力"，只重视哪一块"板子"都是不妥的；第三，教育质量取决于质量管理，提高教育质量有赖于全体成员的共同努力，为此必须充分调动教职工的积极性并对他们进行必要的培训；第四，教育质量体现为满足"顾客"需要的能力。很显然，学校的各类"顾客"在对学校"产品"感到满足的具体要求上存在明显差异，如当前在我国，家长要求子女成绩提高，重视学校的升学率，但这明显与素质教育相背离，因此，学校必须对各类"顾客"的需要加以权衡并找到恰当的平衡点。第五，由于质量观念的"演变性"与质量标准的"动态性"我们也必须对教育质量观念做适当更新，一味固守传统显然是不适时宜的，必须从更高、更广的角度看待质量问题。

教育是一种特殊的社会实践活动，因此，与工业质量相比教育质量有许多特殊性。首先，工业产品是"物"，而教育产品是"人"，是具有个体差异的"人"。在教育活动中，学生不只是等着加工的原材料，他们的主体性决定他们在参与教育质量形成过程中，主动将教育者表达的社会要求内化为自己的素质以提高自身的社会适应能力；而且，工业产品可以实行标准化的批量生产，但教育产品因其个体差异性要求教育工作者必须尊重学生间的差异，加工"产品"时坚持质量标准共性与个性的统一。其次，教育质量取决于"人"的素质，不像工业质量更多取决于"物"的科技性。学校各种活动是由"人"构成的关系链，学生素质和其他服务质量都依赖于教育者的素质；虽然工业领域也在追求员工的素质，但产品质量更多地依赖于生产工具的先进性和科技性；再次，教育质量具有滞后性，这也是与工业质量所不同的。教育活动结束时，教育质量的优劣并不能即时显现出来，而要经过较长时间甚至是漫长时期才能反映出来，最后，教育质量所体现的生产过程具有开放性，而工业质量则是在一个相对封闭的过程中产生的。在教育"产品"加工过程中，除校内诸多因素外，学生还深受校外各种因素影响，如传媒带来的形形色色的信息、家庭文化及道德背景等，这些因素形成复杂的互动网络，共同影响着学校加工的"产品"。从这些特殊性上看，学校质量活动是学校自我提高、自我更新、自我完善的过程，在一定条件下能够持续不断提高的系统化过程。

总之，提高教育质量是教育界内外所有人士孜孜以求的目标，更是教育评价的永恒追求。质量观念的变迁要求教育评价中的质量标准取向做出相应的转变，树立科学而合理的教育质量观是有效开展教育评价的前提。

四、朱兰的质量观及学校教育质量

朱兰（JHJuran）博士是举世公认的现代质量管理的领军人物，他一生所倡导的质量管理理念和方法始终深刻地影响着世界企业以及世界质量管理的发展。他的"质量计划、质量控制和质量改进"被称为"朱兰质量三部曲"；他最早把帕累托原理引入质量管理；他的"质篮螺旋曲线"拓展了人们对质量概念的认识；他编的《朱兰质量手册》堪称质量管理领域中研究和实践的集大成之作。

朱兰认为，质量的含义在20世纪80年代由于日益增长的质量危机发生了变化，促进了"大质量"概念的产生。"大质量"与之前的"小质量"相比，在许多方面发生了变化（见表3-3）。

表3-3 "大质量"与"小质量"的对比

条目	小质量的内容	大质量的内容
产品	制造的货品	所有产品，包括货品和服务
过程	直接同货品制造相关的过程	包括制造、支持和业务在内的所有过程
产业	制造业	所有产业
质量被视为	技术问题	经营问题
顾客	购买产品的主顾	所有受影响的人，包括内部的和外部的
如何认识质量	基于职能部门的文化	基于具有普遍意义的三部曲
质量目标被包括在	工厂目标之中	公司的经营计划之中
不良质量的成本	与不良的加工货品有关的成本	若每件事情都完美将会消失的所有成本
质量评价主要基于	与工厂规格、标准等的符合性	与顾客需要的对应
质量改进针对着	部门绩效	公司绩效
质量管理培训	集中在质量部门	全公司范围
协调者	质量经理	由高层主管构成的质量委员会

就上述内容，我们可以归纳出朱兰质量内涵的如下要点：（1）过程与产品是质量的载体，质量的优劣体现于其中；（2）过程包括从市场调研、开发等起，到生产、销售，再到服务等整个系统步骤；（3）产品既包括货品，也包括服务；（4）顾客不仅指购买产品的主顾，还包括受产品影响的所有人；（5）质量不再是技术问题，而是经营管理问题；（6）质量评价不在于产品与计划质量的符合性，而在于与顾客需要的适应性；（7）质量目标应包括在公司的经营计划之中，质量改进及质量管理培训应于全公司范围内进行。

正如朱兰的"大质量"观所示，质量不再仅作用于制造业，它已运用于其他各个行业。按照上述观点，学校教育质量应关注以下几方面：

（一）学校教育质量应体现在学校所有工作过程以及过程所产生的结果（即产品）之中

学校教育质量体现的过程包括学生的招生、学习、升学或毕业及就业等；教职员工的聘任、教学、培训及晋升等；财物的预算、收（购）入、使用、报废等；管理工作的计划、执行、监控、评价等，其中，以学生的学习与教师的教学为中心的过程占有突出地位，其他为支持性或业务性过程。学校教育的"产品"包括"货品"即学生，以及学校向"顾客"提供的服务。

（二）学校教育质量应以满足不同"顾客"需要为原则

学校"产品"要满足"顾客"的需要。首先要满足社会需要包括促进经济发展、提升政治文明程度、加快科技进步、繁荣社会文化等；满足"主顾"即家长的需要，学生要在学习上取得进步，特别是成绩的提高，能力的增强，以及学校其他服务令家长满意；还要满足教职工的需要，包括满足其职业进步、人格的认同与尊重、工作条件改善及工资福利的提高等方面的需要。以上三类"顾客"在对学校"产品"感到满足的具体要求上存在明显差异，学校必须对各类"顾客"的需要加以权衡并找到恰当的平衡点。

（三）学生既是学校教育"产品"中的核心部分，也是学校教育服务的重要"顾客"

从"货品"来看，尽管在满足不同"顾客"时要求具有不同的质量特征，但也有不少共同之处，其中"货品"的耐用性深为各方所需。耐用性质量是指产品通过维护与修理可以长时间地多次反复使用的性质。学生的"耐用性"即指学生在接受学校教育后能够长期发挥作用，而且通过继续教育和实践能够更好地和持续地发挥作用。"耐用性"也就是我们今天所讲的"发展性素质"。从"顾客"来看，学生作为特殊"顾客"，要满足他/她的需求，就意味着学校各项工作必须满足不同学生的需要，特别是要认同学生的兴趣爱好，赋予学生学习与生活的自主权，尊重学生的个性及差异性等，这就要求学校在"生产"这一特殊"货品"时坚持质量标准共性与个性的统一。

（四）学校教育质量取决于管理、取决于人

按照朱兰的质量观，学校教育质量不只是改进教师教学方法与技能就能提高的，也不只是纳入优质师资和生源、享受大量拨款就能实现的，只有管理才具有决定性意义，而且，管理不能仅依赖于校长及其领导下的管理干部，而是必须动员全体教职工参与，因此要提高教育质量，还必须提升教职工的主体地位，培养团队精神并激发他们的士气，引导他们积极参与到学校教育质量管理中来，并对他们给予必要的培训，在提高专业水平的同时提高质量管理能力。

五、朱兰质量观下的教育质量评价

从朱兰的质量观可以看到，学校质量评价至少应注意以下几个方面：

（一）从评价所确立的价值取向上看，必须坚持工具理性与价值理性、个人利益与社会利益、当前利益与长远利益的统一

评价即对价值进行判断，判断就需要"价值尺度"。然而，由于种种原因人们教育价

值观千差万别，要确定一致认可的评价尺度实非易事。从价值领域最常见的三对关系即工具理性与价值理性，社会利益与个人利益当前利益与长远利益来看，实践中的学校评价总是出现这样或那样的偏差。按照朱兰的质量观，学校要满足所有"顾客"的需要并使他们满意，就必须采用"中庸"原则，使工具理性与价值理性，个人利益与社会利益，当前利益与长远利益有机统一，以此确定"价值尺度"，引领并协调不同价值主体的需要。

（二）从评价标准上看，关注结果更要重视过程，坚持静态要素与动态过程的统一

学校工作结果集中反映了其满足"顾客"需要的程度，因此，在评价中也最能反映其质量水平。然而，仅对结果进行测量还不能达到评价发现问题、促进改进的目的。实践中我们许多评价仅关注"什么是什么/怎样"，而忽视了"什么是怎样完成的""如何确保其顺利完成""完成的标准是什么""当前的水平如何"等问题。为此，还必须给予承载质量的各项过程高度重视，特别是直接产生结果的那些关键性过程，坚持静态要素与动态过程的统一。

（三）从评价功能上看，必须充分发挥评价的诊断及促进发展功能

教育评价具有多种功能，其中，诊断功能与促进发展功能更具有管理意义。质量提高是个长期过程，其间出现的问题与偏差等难以避免，因此，必须充分发挥评价的诊断作用，发现教育活动的不足之处，为质量管理的改进提供信息。质量评价的目的不只是区分优劣以实施奖惩，其根本目的在于提高学校教育质量，从而促进师生、学校及教育事业的发展，因此，必须发挥评价在发展中的促进作用，实现手段与目的的统一。

（四）从评价内容上看，应在坚持全面系统基础上突出教师与学生的满意度及学校学习能力方面评价的重要性

在评价内容上坚持全面系统，这已深为评价界所认可。然而，教师与学生的满意度及学校学习能力方面的评价却未受到应有的重视。管理决定质量，质量管理需要人人参与。然而，教师是否积极参与取决于他们对学校所提供的服务的满意程度，因此在评价中注重教师的满意度有利于引导学校高层领导努力服务全体教职工并调动他们参与质量管理的积极性；而且，作为"顾客"，教师的满意程度本身也就说明了学校所提供的服务质量优劣程度。学校的学习能力是指学校能够根据外部环境的变化结合学校自身经历及特点对当前及日后学校工作加以指导、纠偏、改进等方面的能力。质量的追求是个循序渐进的过程，其中，学校的学习能力具有决定性意义。学校对质量信息的测量与分析以及对相关知识的管理最能反映学校的学习能力，而这也正是朱兰质量三部曲（质量计划、控制与改进）中的关键环节。

（五）从评价对质量标准的取向上看，必须由"符合性"走向"适应性"

以前人们认为产品符合规格也会满足顾客的需要，这是合乎逻辑的。然而，符合规格只能说明顾客不会不满（产品因不良而出现的烦恼、抱怨、投诉等），而不能说明顾客一定满意，因为顾客的需要中还包括产品规格中找不到的东西，如简洁的服务说明、一站式服务等，因此符合规格不能保证顾客一定会购买。基于此，教育质量标准取向不能仅从学校"产品"与预定质量规格的符合程度来考察，还必须从"顾客"需要角度出发，看其"产品"是否满足了"顾客"的需要，而且"顾客"的需要不是一成不变的，它会随着时间的推移发生变化。

当然，发源于工业管理的朱兰质量观未必能完全适应教育领域，但其中许多思想仍然值得教育管理界借鉴与吸收。

第四章　高等教育评价标准的价值解析

教育的价值在于它对人生命存在本身的意义。教育评价是揭示人的存在意义、建构教育价值世界的认识活动。教育评价标准的制定，不仅反映了人们对于教育价值的理解和选择，而且反映了人们对于增进其价值的策略与方法的理解和选择。从实践的层面看，教育评价的标准还决定了教育评价活动的实际效果。

第一节　教育价值与人的生命存在

教育本身就是价值负荷的（value-loaded）事务，教育活动不能回避价值问题。教育是极其严肃的伟大事业，通过培养不断地将新的一代人带入人类优秀文化精神之中，让他们在完整的精神中生活、工作和交往。教育系统作为一种含人生命体的系统，一开始就是人的活动，自有人生，就有教育，就有教育价值。教育的生命特性决定了教育必须依据生命、尊重生命、提升生命。教育的意义在于完成人的美好生存，教育的价值在于它对人生命存在本身的意义。

一、关于教育价值的研究

教育价值的研究是在哲学价值论的规范和基础上展开的。受实体本体论和主客二分认识论的影响，传统上对教育价值的研究主要有以下几种观点：

（一）知识本位的价值观

知识本位的价值观是指知识在教育中占据核心地位，教育目的及教育组织都是以知识为基础、为中心的。知识本位价值观的另一个重要观点就是生活的预备倾向，认为教育的目的是为儿童未来生活做准备，良好的教育就是要使儿童进入社会时拥有充分的知识储备。夸美纽斯认为，教育是生活的预备，并据此提出了他的泛智主义学科课程。真正把知识同生活准备联系起来，并把它作为安排课程的基本依据的则是斯宾塞。他认为，教育的目的就是为圆满生活做准备。"为我们的完满生活做准备是教育应尽的职责，而评判一门教学科目的唯一合理办法就是看它对这个职责尽到什么程度。"

知识本位的价值观是最古老的一种教育价值观，它以知识或学术活动的需要作为教育的全部出发点和归宿，强调以知识发展的需要来要求课程、设计课程，并规定教育过程，强调的是对知识的追求，而"人"则成为达到知识目的的条件。

（二）社会本位的价值观

社会本位的价值观以满足社会发展的基本需要作为教育依据，它集中表现为以国家和民族发展为目的的价值取向。这一价值取向最初表现在 19 世纪末 20 世纪初德国教育家凯兴斯泰纳的公民教育和劳动学校理论之中。他努力倡导教育目的体现国家的意志，课程设置反映国家对年青一代的期望和努力，成为国家主义教育思想的重要代表。20 世纪以后，正是科学管理运动日益兴盛、社会效率至上的时期。泰勒的课程编制理论从一开始就把社会需要的教育价值取向推到了泰勒课程思想的最前列，而人发展的终极价值则处在了一个被弱化的地位。随着教育在社会发展中地位的逐步提高，社会本位的价值观已经为越来越多的国家所接受，并把它作为一个促进国家经济、社会发展的有效工具。

社会本位的价值观认为社会价值高于个人价值，社会历史的发展是一个按照客观规律发展的自然历史过程，个人的存在发展完全是受社会决定的。过分强调社会利益而忽视个人发展，认为教育应该无条件地为社会中的经济、政治、军事、文化服务，个人只有在社会的一定组织中成为一定的社会角色，才具有一定的社会价值。

（三）个人本位的价值观

个人本位的价值观面向教育内在的目的和需要，体现了个体主体对教育的价值需要的满足。如从自己的切身利益出发，希望通过教育，提高自己的文化知识水平，发展自己的社会关系，改善自己的生活状况，获得理想的社会地位，并期望获得一种精神上的满足和愉悦。

个人本位的价值观从人的需要、兴趣出发，强调以学生的内在天性为中心组织课程，主张教育是促进学生个性形成，促使学生自我实现的手段。这一价值观最早可以追溯到以卢梭为代表的自然教育。卢梭反对自外向内的灌输，主张学生应该在实践中学习，从自己的经验中学习。杜威从经验出发，强调经验对人生长和发展的价值，提出教育即经验的不断改造，由此确立了经验课程和活动课程在课程整体中的地位。第二次世界大战以后，特别是 20 世纪六七十年代以后，在课程研究领域出现了针对泰勒课程编制理论的概念重建主义理论，这一课程理论认为课程是自身生活经验的重构，是个体"履历经验"的重组。

个人本位的价值观强调学生作为人的自由，强调学生作为个体生命的整体性和独特性，认为在课程中人格的陶冶、个性的张扬比知识的掌握更重要。在个体与社会的关系结构中，个人本位的价值观认为个体的价值高于社会的价值，社会只有在有助于个体的发展时才有价值。

二、当前教育价值研究存在的问题

当代教育是无"根据"的教育。学者们往往倾向于运用自己的思维在生活世界之外构建一个阿基米德点（实体）起点，通过把整体还原为部分或最初的起点来解释教育现象，把教育研究单纯性地、唯一性地定义为"科学化"，在很大程度上忽视了教育研究对象作为人的特殊性，以理解"物"的方式去理解教育，以与"物"对话的方式去与教育对话，希望由此实现教育活动的标准化、精确化，偏离了甚至远离了教育生活世界的复杂性。人们过多地追求事实真理的教育，却忽视了对教育的生命价值世界做深入探索，忽视了人之生存目的的教育价值。人们往往把教育仅仅视为达到既定教育目的的手段，至于教育本身的目的或其本质却被忽视了。

知识本位的价值观强调系统知识的学习，强调为未来生活做准备，但过于强调知识则可能造成呆读死记，学到与儿童现实生活和社会生活相去甚远的死知识；社会本位的价值观认识到了课程对国家和社会发展的巨大作用，注重课程与外部因素的互动，但过于强调课程的社会服务功能必然会导致把学生作为工具来训练，这反而又背离了教育的根本目的；个人本位的价值观认为应从学生兴趣、需要出发来安排课程，但这样做的结果是常常忽视知识的学习和能力的培养。究其原因，这在某种程度上正是把教育当作事实的逻辑实然。

我们现实的教育往往把教育仅仅当作灌输知识、发展经济、追逐功利的手段，忘却了本真的教育。"长期以来，在学校的科学教育中，盛行的是一种唯知识、唯技术、唯能力的教育。以这种科学文化观为指导的科学教育只限于科学知识、科技技能等层面，抹杀了它的属人特征和内在的精神层面，使它变成一种纯粹的与人无涉的见物不见人的教育。人们以培养知识人作为一个基本假设，醉心于培训"有用的人"而不是"有心的人"或"有灵魂的人"，把学校变成知识传输的工厂，在冷峻而近于严酷的知识灌输中忽视了"心灵"（heart）的培育。"

鲁洁教授认为，当代教育在"何以为生"的教育上取得了巨大的成绩，而放弃了"为何而生"的教育。我国学校教育中普遍缺少价值教育。教育普遍地以培养"有用的人"作为现实目的，教育理论以"塑造知识人""智能训练"为基本信条而忽视了人的生命意义与价值。叶澜教授认为，当代中国教育价值取向偏差主要表现为：在政府的教育决策中历来只强调教育的社会工具价值，忽视教育在培养个性、使人的潜能得到尽可能发展方面的价值；总是看重教育即时的、显性的功效，忽视或者轻视教育的长期效益。"教育如果不想流为庸俗的活动，应先着重教育活动的内在的、非工具性的价值，然后才谈到教育活动的外在的、工具的价值。"

三、教育价值的生存本体论转向

对人类而言，本体论之追问也就是对人之生存之"根"的寻求。

卡西尔认为："人被宣称为应当是不断探究他自身的存在物，在他生存的每时每刻都必须查问和审视他的生存状况的存在物。人类生活的真正价值，恰恰就存在于这种审视中，存在于这种对人类生活的批判态度中。"正是本体论才给出人生存的"充足理由",没有这一根据,生存就会流于虚浮无据。如果教育仍然承认它构造了人与人之间的一种交往意义,如果教育仍然承认如何使人过上一种美好的值得过的生活是它所有的价值追求,教育就不得不虔诚地追问本体论问题并以之作为其价值的根本原则。

现代哲学从根本上否定科学世界的机械性,而强调生活世界的复杂性,强调本体论的"人"的方面,即从人的自尊、价值、生命、生活、命运、情感、意志、精神等方面解读人类自身存在的意义。本体论因而也就成了关涉世界和人的存在意义与价值,为人类生存活动提供"安身立命"之所的价值性建构。本体问题不再主要表现为"本体是什么"的问题,而是关键地表现为"本体应该是什么"的价值性问题;本体问题不再是一种外在的假设,而是内在的价值寻求。

这种哲学观是现时代社会、科学、文化发展的产物,同时反过来又影响了西方文学、科学、艺术、宗教和伦理、教育、心理学等各个领域。近年来,我国教育理论研究也正在发生一些新的变化,注重个体人生的意义与价值。叶澜教授认为"教育创新呼唤'具体个人'意识",既重视人的个体价值,又标示出教育话语向个体言说的转变,突出了"生命"对于教育的重要性和教育的生命基础。鲁洁教授多年以来从道德教育理论上突破创新,在对教育实践的批判性反省过程中,提出了"人的自我建构""人的超越""全面人格的发展"等命题;檀传宝教授重申"从教育的本来面目出发,教育的本质也只能是价值性或精神性的实践活动";涂又光教授指出:"教育自身是教育的本体,应该定位在文化之中,促进人性全面和谐发展。"这些均显示出教育浓厚的人文关怀。

总之,由于教育现象涉及复杂的社会和人,教育是世界的一种特殊的存在方式。教育的意义不仅与本体论的价值性意义一致,而且只有通过本体论的意义它才可能实现其意义。如同哲学关注人的普遍性的生存问题一样,教育是关系到人之生存一般状况的一种人类活动。在生存论视阈中,教育无论作为社会现象还是理论品质,始终与人、与人的生活联系在一起。教育以人的生命为起点,立足于人的生活,为了人的生活,指向人的可能生活。教育与人的生活紧密联系,教育不仅仅是指传授知识或科技教育,不仅是"何以为生"的教育,而且要涵盖人生的意义与价值的教育,人的道德、精神、理想、信念的教育,也即教育必须内含"为何而生"的价值问题。

四、教育与人的生命存在

人是目的性的存在,价值与意义是人的目的性体现。教育是指向人的生存目的的,它要使人认识到人自身的存在目的和存在价值,使人的生活充满着价值和意义。教育要培养的是直面生活、具有价值感和充满意义的人,是立足现实、不断追求自我超越的人,是真善美的人。教育是价值负载的事务,价值是教育的灵魂。教育就是要提升人的生命价值和人生境界,教育要用价值引导和培育具有价值归属的人。教育本来就是为人服务的,人们通过教育要过有意义的生活，人既是教育的出发点，又是教育的目的。

教育是一种合人目的性的社会活动，教育价值的起源和教育的起源是同一的。自有人生，就有教育，就有教育价值。"原始的教育活动，起源于使社会成员适应群体社会生活和群体生产活动的需要。教育不仅是社会一切实践活动的需要，而且也是人类自身生产的需要"。因此，教育作为一种活动，一开始就是人类有意识的社会活动，并具有一定的目的性，反映人的现实需要。教育能满足人们实践和自身再生产的需要，是教育其他类价值的基础。

人总是在受教育中成长为人。教育具有发展人的素质和改变人的状态的作用。这种作用是教育的本质属性，它是客观的。在一个教育系统内，无论是教育者还是受教育者，无论是教育内容的创造者还是教育手段的制造者，无论是教育活动直接的参与者还是间接参与的社会人，无不与"人"密切相关。教育与人的生命历程密切相关。教育的开展既需要现实的基础生命个体，又要把提升人的生命境界、完善人的精神作为永恒的价值追求。教育的生命基础特性决定了教育必须依据生命、尊重生命、提升生命。教育对于人类群体和个人而言都是一种本体性存在，它是生命存在的形式。教育在人的生存中起着不可或缺的作用，教育与社会以及人的生活同体同构。教育的意义在于完成人的美好生存，教育的价值在于它对人的生命存在本身的意义。

总之，教育从它伴随人类社会产生之日起，就一直是以人为中心、以人的生命为核心的一种特殊活动。教育是基于生命、立足生活、指向人的生存目的性，是体现人之生存目的的教育，这是强调教育的属人、为了人和完善人的目的性，并以此与追求功利的教育、工具性的教育区分开来。教育是属于人的，是为了人的，是使人得以完成和完善的。正如沃德指出，教育是内在的发展，教育是人的需要，也是自然的需要，教育是一种价值，一种很有人性的价值。而且，教育不仅是一个已然的存在，即存在本身就是目的，而且是一种内在的生成，一种价值的成长，是对人的原初状态的相对脱离和内在于我们人性的相对完满的发展。而加拿大学者克里夫，贝克把人类的基本价值如生存、幸福、友谊、自尊、知足和对认识意义的领悟等作为出发点，认为"学校教育的目的在于增进人类的幸福"，"学校教育的基本价值根植于作为整体生活的价值之中"。

五、教育价值与教育事实

由于教育是一种培养人的意义生成活动，因此，教育事实除了具有一般事实的特性外，还有自身独具的特性。如在教育活动中，不管是人们的物质活动，还是精神活动，说到底是在追求事物对人、为人的价值与意义，因此，教育与价值的建构是密不可分的。"教育是社会与个人在精神与物质价值方面的投入产出的劳动实践活动，是一种创造的活动。"从教人做人的教育本意来看，绝无离开价值的教育。换句话说，教育事实并非自然事实，而是包括价值取向、具有价值性的一种特殊事实，即"价值事实"。

教育事实之所以被称之为"价值事实",其原因就在于教育价值与教育事实是统一于历史进程之中的。教育价值一方面需要"外化",即通过教育活动、教育内容、教育方法等表现出来,这一过程实际上就是教育价值向教育事实转化的过程;同时,教育事实又需要"内化",即从具体的教育存在中提升出价值承诺与行为规范,这一过程则又是教育事实向教育价值转化的过程,因此,在教育历史进程中,教育事实与教育价值是互相依存、相辅相成的关系。也就是说,不管是教育中的人,还是人的教育,既可以看成是一种事实的存在,同时也是一种价值的存在。

教育活动的核心是精神的和人文的。我们无法将全部教育问题的意蕴客观化,无法从纯粹客观的角度理解教育活动和教育实践。教育过程无法还原为一个实体或得到严格控制的操作过程。教育活动中较高层面的内涵并非在归纳推理或统计的意义上由低层面的内涵推演而来。教育中的人文性或人文精神是历史地生成的,同时也是依据个体的智慧与觉悟而存在的。教育的核心由于文化历史和人格个性的参与,所以它本质上是约定的,而不是外在规定的。因为其约定性,人类理解或说明教育的历史是一种互为主体性或主体间性的历程,教育活动就具有很强的独特性和个体性。

认识到教育事实是一种价值事实,对正确地把握教育研究问题有着重要的意义:教育研究的过程也是人探寻生命意义的过程,从这个意义上说,教育研究本身就是教育,是对人的生命本质的延展。教育理应关注人的生命,并且不是站在生命之外,而是在生命之中、用生命来体悟。人的生命总是处在未完成的变化之中,人的生命意义就在于对尚未完善的生命的不断完善,正是生命的这种"非特定性"和"不完善性",使教育对生命意义的追寻得以实现。由于教育事实有别于自然事实,它既包含着"事实",又包含着"价值",是事实与价值的统一体,因此,那种把教育事实与价值相分离的唯科学的教育评价观,因无视价值事实之主体性,也就不能成立。

第二节　教育评价的规范认识

教育评价是一种揭示人的生命价值意义,建构教育价值世界的认识活动。教育评价是一种规范性价值认识,它能够构建特定价值模式的教育,引导教育向着一定的方向发展,从而对教育评价活动开展起着积极的导向作用。

一、关于教育评价的界定

教育评价的本质是什么,这在教育理论界仍是一个令人困惑的问题。由于这一表述涉及了学术界争议较大、歧义颇多的几个基本概念,从而影响到人们对教育评价的理论把握。基于不同时代和不同价值观,东西方学者从各自的角度对教育评价进行了阐述。

（一）国外对教育评价的界定

教育评价是衡量实际教育教学效果达到教育目标的程度这种观点在教育评价研究中一直占据着主导地位，最早可以追溯到20世纪30年代现代教育评价产生之初。布鲁姆认为："评价乃是系统收集证据用以确定学习者实际是否发生了某些变化，确定学生个体变化的数量或程度。""现代教育评价之父"泰勒明确提出："评价过程本质上是一个确定课程与教学计划实际达到教育目标的程度的过程。但教育目标本质上是指人的行为变化，因此，评价是一个确定行为发生实际变化的程度的过程。"

为考察教育目标或教育计划实现程度的教育评价，其功能主要是总结，即对实际教育活动结果的总结，这种观点重视教育现实与教育目标的比较，但却忽视了现实表现的形成过程，很容易造成教育评价概念的"泛化"，也不能反映教育评价的特色。

教育评价是为决策提供信息，从而改进教育活动的过程。这是从20世纪60年代开始出现，对教育评价研究产生较大影响的一种观点。美国学者克龙巴赫认为："所谓教育评价，是指为获取教育活动的决策资料，对参与教育活动的各个部分的状态、机能、成果等情报进行收集、整理和提供过程。"斯塔弗尔比姆也指出："评价最重要的意图不是为了证明（prove），而是为了改进（improve）"，评价是"为决策提供有用信息的过程"。

从总结性评价到形成性评价，无疑是教育评价观的重大进步。但这种观点把评价的核心转到为决策服务，在功能取向上有失偏颇。教育评价不仅着眼于现实的东西，而且要着眼于潜在的未来的东西。教育评价不仅可为教育决策服务，而且作为一种教育手段也能直接指导被评价对象改进工作或学习。

教育评价是对教育活动进行价值判断的过程。1975年，比贝首次提出了教育评价的价值判断本质，即教育评价是"系统地收集信息和解释证据的过程，并在此基础上做出价值判断，目的在于行动"。1979年，盖奇和伯利纳提出："评价是我们把价值与某种东西联系起来的过程"，"测量给予我们的是数字，人的判断、考虑和解释要把那些数字转化为评价"。在此以后，教育评价是价值判断的观点得到了许多研究者的认可。

这种观点明确提出了教育评价是以价值判断为核心的价值关联活动，指明了思考教育评价的本质问题的方向，但是，这种认识多局限于主体在主客二分的认识框架下对教育现象的认识，把教育现象看作客观的事实，多偏重于强调教育评价的社会管理功能，而忽视了教育评价的另一个重要功能——教育价值的生成与建构。实际上，无论是"教育对社会与个人的价值"，还是"社会与个人对教育的价值"，其价值的实现均离不开价值主体的反思与评价。

教育评价是价值主体共同建构的过程。20世纪80年代美国自然主义评价的倡导者枯巴和林肯提倡在评价中顺应人类本性，并以此为基础，提出了"第四代评价"，其核心是共同建构。即通过对各类与评价有利害关系的人的需求、关注点和问题的应答，并通过对话和协商，逐步达成共识的过程。主要观点有：评价不会也不可能脱离社会、文化和政治因素的影响，评价是社会政治的活动；评价是评价参与人等各方力量合作的产物，评价是一个相互学习和交流的过程，评价是一个连续的、问题反复呈现的、并可能有众多分歧的过程；评价不是一个按部就班的过程；评价是一个可能产生许多非预期结果的过程；评价是一个产生和形成事实的过程。这种观点注重了各价值主体的利益需求，但同时忽视了对评价准则本身的关注。

（二）我国关于教育评价的界定

在我国，人们一般都认同这样一种观点，即教育评价是一种价值判断。在这一共识的基础上由于学者各自强调的侧重点不同，又可分为价值说、认识说、交往说、决策服务说四种观点。

1. 价值说

价值说以王汉澜、金一鸣、王致和、陈玉琨、刘本固、王冀生为代表，认为教育评价是对教育活动的价值做出价值判断的活动。

如王汉澜认为，教育评价是根据一定的目的和标准，采取科学的态度和方法，对教育工作中的活动、人员、管理和条件的状态与绩效进行质和量的价值判断。

王致和认为，"教育评价是参照现有的教育目标，通过系统地搜集信息，采用科学的方法对教育活动中的事物或人物做出综合价值分析和判断的过程，其目的在于提高教育质量、推动教育改革、改善教育管理以及做出促进教育进步的决策。"

陈玉琨认为，教育评价是对教育活动满足社会与个体需要的程度作出判断的活动，是对教育活动现实的（已经取得或潜在的还未取得，但有可能取得的）价值做出判断，以期达到教育价值增值的过程。

2. 认识说

这种观点认为教育评价是对教育价值事实的认识活动。

王景英认为，教育评价是评价者对教育活动或行为主客体价值关系、价值实现过程、结果及其意义的一种认识活动过程，等核心内容是揭示教育活动或行为中的客体对主体的需要利益目标的价值意义。

侯光文认为，教育评价是教育价值意识朝向教育客体的对象性精神活动，是在教育价值关系中教育价值主体对这一价值关系的现实结果或可能后果的反映，它是精神对物质、意识对存在的一种反映。教育评价在本质上说是一种认识，是一种特殊的反映形式。

3. 交往说

交往说认为教育评价是价值主体之间通过协商以达成共识的活动。如刘志军认为，教育评价是通过对教育现象和活动价值的调查、分析、协商、判断，逐步达成共识，促进教育现象与活动不断调适、改进和发展的过程。从价值构成来看，价值应包括主客体价值与交往价值。教育评价应在这两类价值的基础之上，形成规范性评价与超规范性评价。规范性评价考虑的问题是教育准则如何成为现实的问题，超规范性评价考虑的问题是规范是否合理以及如何重建教育准则的问题。基于规范性评价与超规范性评价的教育评价在现实中应该发挥判断价值、发现价值、提升价值三个方面的功能。

4.决策服务说

如果说以上三种观点侧重于从理论研究的角度对教育评价进行界定，那么决策服务说则主要是从决策者的角度出发对教育评价进行界定，认为教育评价是为教育决策服务的活动。这种观点不是主流的观点。

陈孝大认为，教育评价是一个系统地收集有关资料，为教育决策服务的过程。金一鸣认为，教育评价的主要任务或主要目标是为教育决策服务。

可见，与国外关于教育评价的价值判断本质的争论不同，我国学界大多认可教育评价的本质是对教育价值进行价值判断。这一说法在把握教育评价本质方面，不乏深刻，指明了思考教育评价的本质问题的方向，但是，就目前而言，学界关于"教育价值是对谁而言的价值"的理解还比较笼统，多偏重于强调教育系统之外的社会价值，而忽视了教育对人的生命存在的价值意义。

二、当前教育评价研究中的问题

受近代以来科学主义和唯知主义的影响，传统的教育评价都侧重对客观事实的描述及其与教育目标的达成度的认定，缺少一种基于生命关怀和人性建构的心灵对话与沟通。其弊端主要表现在以下几方面：

（一）教育评价的工具性

在工具理性的支配下，传统的教育评价往往被视为一种由理性假设、教育事实的资料收集到检验、鉴别的工具理性作用的过程。"它所依据的科学不是真正内涵的科学（Science），而只是技术（Technology），它借用了科学和技术表面的东西，如量化、确定性、高效、精确、实证等，而忽视了科学作为人类认识真理方式的批判、反省、超越的一面"，掩盖了人类教育活动的多样性和复杂性，忽视了人类生活和行为的多变性，淡化了对现实评价活动的意义做更深层次的思考。教育评价日益沦为物化的工具，"恐怕难免会令人感到有一种目的逐渐为手段所置换或替代的嫌疑：即作为手段的科学化追求和技术的完善反客为主而成为目的，反之，评价活动的本体意义倒成为无关宏旨的赘余"。

（二）教育评价的控制性

马克斯，舍勒认为近代科学本质上是一种"控制学"即关于控制的知识。在这种模式下，人以自身为主体，以"自我中心"的眼光看待周围世界，视自然、他人、社会及整个世界为达到自身目的的手段。

无论是早期的教育测量还是 20 世纪占据主流的目标评价模式，其特征都是预测和控制，即通过预先确定的标准、常模或目标，将被评对象的特质强行纳入一定的框架之中，凡是不符合预定框架的内容都被排除于评价范围之外。评价者拥有绝对的主体地位，被评价者则成了被控制的客体，从根本上有悖于教育的精神。

（三）教育评价的客体性

对象性思维建立在主客体分立的二元论的基础上，他人与自然、人与社会、人与他人、人与自身的对立和分离合法化。在教育评价中普遍存在着"对象性思维"，评价者和被评价者都把另一方看作是相对立的客体，特别是评价者往往处于权威的地位，对被评价者进行控制、观察、分析、评价，忽视活生生的人的内在体验和感受存在，被评价者在这种对象性的关系中形成了一种被控制感和无助感，处于一种无主体、无意识的状态，缺乏发展的主动性和创造性。

（四）教育评价本体的缺失性

传统的教育评价关注更多是教育活动的有效性和功利性。它崇尚量化评价，把复杂的教育现象简单化、表面化和僵死化，过于追求评价手段的技术化、评价标准的唯一性、评价结果的可比性，忽视主体的价值因素和教育自身的"我"的内在品性，失去了促进人的发展这个教育中最有意义的、最根本的内容。本真的"教育"被从评价中剥离了出来，评价自身的存在意义和生命价值得不到体现，丧失了教育评价中最有意义、最根本的教育价值，缺乏生命价值的评价本身也无力承载更多的教育价值。

三、教育评价的价值意义

教育评价，就是评价主体用规范和呈现在感性经验里的价值事实的过程中形成的价值判断。由于教育活动是一种价值关涉的活动，教育活动本身具有内在的价值向度，因此，对教育活动的评价含有较大的价值反思的意味。教育评价中的价值判断，不但体现着主体的需求与利益尺度，"而且还具有规范、命令的意味，它关心教育应该是怎样的，怎样的教育应该是有意义的"评价不仅要满足科学主义对评价活动的规定，而且要以一种批判和反思的视角对评价的价值做出选择、判断和取舍，用规范价值去引导教育活动的意义，完成教育评价对教育价值的正当指引。

在西方，人们反对把教育评价定义为价值判断有两个重要原因：一是"一个标明评价判断性的定义，也许会引起潜在评价者的许多忧虑和评价对象的抵制"；二是一个判断性的评价必须先确定评价判断的依据，而西方通常认为教育乃是个人自我实现的过程，用统一的价值标准去限制个人的发展，去评价教育的效果，从根本上来说是不可接受的，对此，内伏指出，以这种忽略评价的主要特征来引起对评价的肯定态度，也许是不现实的。发展对评价肯定态度的另一个途径："也许是在教育的各个领域中证实评价的建设性功能"。

教育学是一门具有价值性征的学科，教育负荷着意义与价值。教育评价是一种揭示教育存在的价值，建构教育价值世界的观念活动，它关心教育应该是怎样的，怎样的教育才是有意义的。教育评价活动就是通过不断发现教育活动中蕴含的新价值，从而实现价值的不断创新。就教育评价的本意而言，我们所要重点关注的应该是"教育的价值"。只有通过教育评价，使评价对象原有的价值在认知、选择、博弈中重新调整、组合、扬弃，优化积极的价值因素，发现新的价值内涵，并以此建构新的价值结构，才能使教育对象在原有基础上有新的质的飞跃。

正如陈玉琨指出："教育评价是对教育活动满足社会与个体需要的程度做出判断的过程，是对教育活动现实的（已经取得的）或潜在的（还未取得，但有可能取得的）价值作出判断，以期达到教育价值增值的过程。"这里有两点需要注意：一是价值判断。评价只是一种对事物的认识、分析和判断的手段，评价本身不是控制活动；二是价值增值。评价本身不是目的，教育评价的根本目的在于教育改善。

四、教育评价的规范发展

教育评价是对教育活动的价值反思，是对变革现实行动所构建的规范。教育活动是一种范导性的活动，教育实践要获得成功，一方面必须通过正确的事实判断把握教育的本质与规律；另一方面还必须通过合理的价值判断规范教育的行为，以实现优化的教育与管理。教育世界是人的意义生成的世界，教育评价是把握教育活动的意义，在观念中建构教育价值世界的认识活动。教育评价作为一种价值认活动，教育评价的规范发展深受当时社会历史时期主流思潮和社会价值观的影响。

（一）测量期：基于量化的客观主义

现代教育评价制度是随着工业社会的发展、随着现代教育制度的产生而逐渐发展起来的。20世纪初，美国的经济发展促进了教育的迅猛发展，学校的数量成倍增长，在校学生的人数不断增多，而教学设备的增长对于教室人数的增加相对缓慢，这种形势引起了社会各界，包括教育界本身对教育质量的担心和忧虑。社会需要人们制定出一个客观、公正的标准来鉴定、并判断这些学校或专业的办学水平和教育质量。

在美国的两位教育测量运动的先驱卡特尔和桑代克的鼓动下，教育测量在美国迅速开展进来。1904年桑代克发表了《心理与社会测量导论》一书，明确提出"凡存在的东西都有其数量，凡有数量的东西都可以测量"，奠定了教育测量的基础，被称为"教育测量之父"。在20世纪的前30年时间内，教育测验运动迅速从美国蔓延到世界其他各地，形成了声势浩大的教育测验运动。这一时期美国采用的检验教育质量和教学效果的检验方法，主要是科学量化的成绩考核法。

在这一时期，测验被认为是评价的同义词，教育评价的特点是追求测量的客观性，已经从最初的模糊逐步走向了清晰，从朴素的追求公正走向了追求客观和科学，但是，这种"客观的"教育测量往往难以准确、有效地反映评价对象的全貌，难以发挥教育评价的诊断、改进功能。

（二）描述期：基于目标的科学主义

由于教育测量考虑到的因素有限，如在社会态度、实践技能、创造兴趣、鉴别能力等这些教育的重要领域，都不可能运用测验方法加以评价或判断。于是，从20世纪30年代至50年代，美国开始对测验运动进行批判。时任俄亥俄州立大学教育研究部成绩测验室主任的泰勒在"八年研究"的基础上，提出了"目标评价模式"，认为"在本质上，评价过程乃是一种测量课程和教学方案在多大程度上达到了教育目标的过程"。泰勒因此被称为"教育评价之父"。以泰勒为代表的"目标评价模式"以教育目标作为进行价值判断的标准，反映了社会对人才培养质量标准的要求。

通过一段时间的实践探索，人们发现了泰勒理论中的主要问题：教育评价如果单纯以目标为中心和依据，那么目标本身的合理性与可行性又怎样得到保证，斯塔弗尔比姆指出，"评价最重要的意图不是为了证明（prove），而是为了改进（improving）"，认为"教育评价不应局限评判决策者所确定的教育目标所达到预期效果的程度判断，而应该是收集有关教育方案实施全过程及其成果的资料，为决策提供信息的过程"。他提出了一个"CIPP模式"，将评价分为四个不同的阶段：背景（Context）、输入（Input）、过程（Process）和结果（Product）。在CIPP模式中，目标的合理性与可行性受到了充分的重视，但目标仍然是一个重要概念，价值取向仍是为社会服务。甚至人们把泰勒模式看作是CIPP的特例：在需要解决的问题与输入条件相对稳定的情况下，CIPP评价就转化为泰勒的行为目标。

（三）判断期：基于人的需要的人本主义

1957年苏联第一颗人造卫星上天，在美国引起了极大的震动，他们认为自身在科技上落后的根本原因是教育上的落后。为此，这一阶段美国教育改革涉及方方面面，从课程到教学，从教育相关法律的颁布到教育经费投入的增加，当然其中也包括对以当时占统治地位的泰勒目标模式的批判。当时批判的焦点主要集中在，如果评价以目标为中心、为依据，那么目标的合理性如何判断？教育活动过程中出现的非预期效应如何处理？在崇尚个人自由发展的西方用一个统一的目标去衡量所有的学生何以可能？

正是在对上述问题的不断反思和追问中，各种新的评价模式应运而生。迈克尔·斯克里文于1967年提出了目标游离模式（Goal Free Evaluation）。他认为，"对目的的考虑和评价是一个不必要的，而且很可能是有害的步骤"，建议把"评价的重点由'方案想干什么'转移到4方案实际干了什么'上来"。这种模式已经从评价活动主要反映管理者、决策者的意愿转向反映"群众"的意愿。

群众的意愿又如何反映在评价活动中呢？13 年，斯塔克在分析了传统的评价方法后提出"应答模式"（Responsive Evaluation）。他认为"现有的评价方法多带有预定性质，即强调目的的表述和客观的测验、由方案执行人员掌握的标准，以及研究性报告的应用"，而正是这种"带有预定性质"的原因导致评价者不能发现评价对象的真正价值。评价者应该"把问题作为评价的先行组织者，而不是目标和假设"。与前几种模式相比较，"应答模式"强调价值取向的发散性，重视所有参与评价的人的意图，反映了重视个体需要的多元价值取向。

（四）建劫期：基于人的发展的建构主义

美国评价专家枯巴和林肯在 1984 年出版了名为《第四代教育评价》的专著。按枯巴和林肯的认识，前三代评价理论的不足之处在于：第一是往往把评价对象及其他一切有关的人都排除在外不予考虑，容易在评价者与评价对象之间形成紧张对立的关系；第二是忽视了其他价值体系在评价中的作用，由于文化造成的"价值差异"，评价往往很难为各种文化背景下的人们普遍接受；第三是过分强调在评价中采用"科学方法"，造成对背景因素重视不够、评价过程缺乏灵活性以及忽视定性评价方法的不足。

在批判前三代评价的基础上，他们从心理建构的角度，提出"不管是什么样的评价，也不管是如何科学、客观的评价理论和模式，在本质上都是'人的心理建构'"，强调"价值多元性"，提倡在评价中充分听取不同方面的意见，把评价看作是一个由评价者不断协调各种价值标准间的分歧、缩短不同意见间的距离、最后形成公认的一致看法的过程。

20 世纪 90 年代以来，在教育评价实践领域出现了许多新的评价方式，如真实性评价（authentic assessment）、档案袋评价（portfolio assessment）、表现性评价（performance assessment）等。与早期传统的以测量为模型的评价相比，这些评价在评价理念、目的、方法与技术等方面都发生了质的变化。教育评价理论正经历着范式的变革，评价文化正在悄然从考试、测验走向描述、鉴赏。

第三节　教育评价标准的价值生成

人的自由发展"从教育的角度来说，标准应当被看作是想要达到的目的，或者是顺应观念的期望或教学水平。"教育评价标准是根据评价实践需要而制定的衡量事物价值的具体化、情境化的规则。一般的评价技术和方法不过是教育评价体系的"外围保护带"，而评价标准才是体系的"硬核"。教育评价改革正是建立在"标准"这一"硬核"的变革之上的。

一、我国关于教育评价标准的界定

我国关于教育评价标准的界定主要有价值说、定量说和综合说。

（一）价值说

价值说认为教育评价标准是评价主体对价值标准的反映，是意识到的价值标准和现实化的价值标准的统一。

王汉澜认为，评价标准是衡量评价对象达评价指标要求的尺度。"目的"和"标准"是评价的基点，"标准价值的标准"，由"标准"产生具体的价值形态，进而产生评价的标准。

张慧芳认为，教育评价的标准是一定时期人们价值取向的反映，也是人们对教育价值认识的反映，由某种教育模式的价值取向所决定。

（二）定量说

定量说认为教育评价标准是对评价对象的属性在量的方面的规定。

陈玉琨认为，评价标准是相对于评价准则（在教育评价活动之前对被评属性质的规定）而言的，是对应于评价准则所规定质的量的要求。

王孝玲认为，教育评价的标准是指对所要评价的属性或方面质的临界点在量上的规定，也就是对所要评价属性或方面在量上的具体要求。

（三）综合说

综合说认为教育评价标准是对教育评价对象在质和量上的规定。

《教育大辞典》认为，评价标准是"对所评价对象的功效的数量和质量进行价值判断的准则和尺度。主要由标准的强度和频率、标号、标度等因素构成"。

许建钺认为，教育评价标准是指教育活动中的事物或人物属性的质的临界点以及它们在质变过程中量的规定。具体地说，是指教育客体质量和数量上的基本要求。它具有两个显著特点：一是它的社会性。社会现象评价的标准具有客观的内容，它是人们对社会现象认识的产物。二是它与教育目标的相关性。

吴钢认为，所谓教育评价标准，就是对一切教育活动的质量或数量要求的规定。

王致和认为，评价标准指的是某一评价指标在数量上和质量上的基本要求。评价标准是指标具体确定的表现形式。

二、几种典型的教育评价标准

由于人们所遵循的价值观不同，制定教育评价标准的方法有多种，不同的方法不但包含着不同的价值选择，而且包含着评价方法论的选择。沈玉顺教授将教育评价标准主要分为八类：

（1）"教育目标"作为教育评价标准。源于早期西方"教育评价之父"泰勒所倡导"行为目标模式"。其基本特征是：以预先确定的教育目标为标准，对教育活动的成效做出评价，强调的是教育活动对教育目标达成的贡献，注重的是实际结果与目标的"一致"或"符合"。

（2）"附加值"作为教育评价标准。源自20世纪70年代初期美国东北密苏里大学的"附加值（value-added）评价"。其基本假设是，学生入学时的水平与毕业时水平的差异，可归因于学校教育；学生变化的幅度，即"附加值"的大小，可看作是学校、培养计划、课程或教师的教育成就。

（3）"顾客满意"作为教育评价标准。这种方法将教育看作是向其顾客提供特殊服务的活动，用顾客的标准评价教育机构服务的质量，强调教育的社会价值，强调教育机构的服务功能。

（4）"良好的教育实践"作为评价标准。良好的教育实践涵盖教育活动的整个过程，使评价活动能够指向教育过程的改进，但"良好的教育实践"通常存在于具有较好的办学条件、良好的社会声誉和良好的绩效的学校，而这些有利条件大部分学校不具备，容易导致不同学校之间的差异合理化。

（5）"最优"作为评价标准。源于工业质量管理中的"基准法"，其含义是"持续不断地寻求能够创造最高绩效的最佳实践"，为管理者提供一种用于评价其组织内部活动的外部参照标准，以获得持续的竞争优势。

（6）"自身进步"作为教育评价标准。以评价期开始时的现状为依据衡量进步情况，强调评价对象及其环境的特殊性，注重评价对象及其环境中可以控制的因素，目的在于鼓励组织及其成员发现和发挥潜力。

（7）"生产力"作为教育评价标准。以"生产力"作为教育评价标准的方法，通常以学校或校内的教学研究部门为评价对象，试图评价其资源利用情况，提高教育资源的利用率。实践中运用的典型绩效指标通常是定量的。

（8）"组织质量"作为教育评价标准。"组织质量"作为教育评价标准，将评价的焦点从传统上对具体活动及其结果的关心，导向对组织取得预期成果的能力的关心，使评价的指导思想发生了重大的转变。

三、当前教育评价标准的问题

受实体本体论和主客二分认识论的影响，人们对教育评价标准的研究虽然观点各异，但都是在预成性的思维方式下，过于强调评价标准行为规范的工具价值而忽视了评价标准价值生成的理性价值，甚至以强调工具价值为理由来否定其理性价值，未能真正把个体的主动发展作为制定评价标准的客观依据，造成教育目的和手段的异化。其弊端主要表现为以下几点：

（一）评价标准的预设性

在日益膨胀的现实需求的逼迫下，人们以预设的指标体系为标准，重视知识性目标的达成，关注更多的是教学技术、教学结果，而不是学生情感、态度、价值观的发展。在这种评价标准的指引下，评价工作的效率提高了，但育人导向的教育价值观被迫做出的修正，或者更准确地说是对社会需求的一种妥协。

（二）评价标准的外生性

在工具理性的"效益至上"教育评价观念影响下，人们忽视了教育工作的复杂性、独特性和创造性，忽视了对目的、意义和价值的思考和坚持，学生在评价中往往只被当作科学控制的一般对象，处于被观察、被分析的地位，他执行的是由管理者外部规定的、可以实施标准量化测试的教育教学行为。

（三）评价标准的认知性

受实证主义的影响，量化的教学评价被视为唯一科学、有效的评价方法，评价对象被量化和分析，最大限度地排除评价对象的主体性。把智育目标当作硬指标，而忽视以人的整体素质的提高为指向的大目标；重视教师课堂教学的固定要求，忽视学生的实际收获；重视课堂教学的难度和深度，忽视学生差异和教学的针对性。评价变得以偏概全，从而丢失了教育的真正意义。

（四）评价标准的划一性

为了追求评价的具体可操作性，教育目标往往被形式化为小单位的行为目标，把具体的行为目标作为评价标准，造成了评价标准的划一性。在我国，在建立课堂教学质量评价标准时考虑更多的是规范性和单一性。如20世纪50年代以来的评课制度中课堂教学质量评价标准就是教育教学理论对课堂教学提出的规范要求；80年代以来课堂教学评价强调尽可能去除人的主观影响，努力追求客观的、价值中立的标准，课堂教学质量评价标准的规范性有余而个性化明显不足。

四、教育评价的伦理准则

教育本来是有其伦理之根、价值之根的，教育是为了人的生活，教育与人的生活不可分离，教育蕴藏着生活的目的，而不仅仅是人谋生的一个手段。教育就是为了人本身，教育就是要培养出拥有价值真理的人。教育培养的人不仅仅具有某种单一功能，而是具有做人的全面性、丰富性和完整性，人不仅仅是制造工具，更不是一种工具。

受人的生存预制说的影响，再加上社会政治对科学知识实效性的支持和强化，人们往往以为教育就是为了培养知识人，教育就是要使人学习科学知识。这就斩断了教育的伦理和价值之根，也形成了一个或明或暗的假设：教育就是科学知识的传授，教育就是塑造知识人。

教育的价值方向需要哲学的反思和导引，以审视其价值判断是否符合价值应然。教育是一种价值负载的事务，教育不但要贯彻一定社会的理想的以及要求的价值观，而且要培养具有价值感和创造能力的公民。人的生存需要教育，需要全面的教育，人是具有目的性的存在，教育就是要培养和造就身心健康、富有情感、充满精神和体现价值的公民。教育的起点是人，教育乃立人之学。人性的崇高和人类的伟大都是通过教育成就的，教育是养成人的一种主要的活动。教育的目的是"教人做人"。"教育是培养人的实践活动。"培养全面发展的人是教育的最终目的和永恒追求。"人是目的"是评价教育的基点。

总之，对价值应然的认识和判断是我们实现教育实践改善的一种重要的思想条件。教育评价的伦理基础在于爱与教育关怀，教育评价的伦理尺度是教育者对受教育者的道德关怀，我们必须根据价值标准对现实的教育价值取向进行判断。教育评价应从人的身心和谐发展的本体价值出发，评价的方式、方法和目标都应关注人的存在价值和内心情感，关注未来发展，给评价对象更多的终极价值关怀，给生命本质和人学伦理应有的关照和理解。

五、教育研究思维方式的转变：从预设到生成

"思维"，《辞海》给出的注解是"指理性认识，即思想；或指理性认识的过程，即思考，是人脑对客观事物间接的和概括的反映……它是在社会实践的基础上进行的。"约翰，查菲认为，思维是人们认识世界的一种能动的、有目的的、有条理的主观努力。所谓"思维方式"，通常是指"人们用以把握、描述、理解和解释世界的概念框架的组合方式和运作方式"，是人们"已经形成的一种认识框架和思维路线"，直接规范着人们"想什么""做什么"以及"如何做"。教育思维是教育者为教育目的进行的思维，是在教育学立场上进行的思维。真正有生命力的教育学主要不在于采取什么样的构成形式，而在于发现一种合乎时代精神的价值取向。

哲学思维方式的变革实质上是一个由绝对思维走向相对思维、从预设性到生成性的发展过程。思维方式的嬗变昭示着人们认识问题的方式逐渐开始发生变化，即主要表现为不刻意去追求所谓的绝对真理，而是主动去关心人的现实和生存过程。为了实现对教育自由的追求，就必须遵循教育内在规律，摆脱实证主义、唯科学主义所持的那种价值无涉的教育观，从人的生活路径出发来研究教育，深入到教育的生活世界中，用"生活"来整合教育和价值，形成一体化的带有价值负荷的教育观（value loaded educational concept），用"价值定向"思维取代"决策定向"思维。

（一）教育的实体思维

实体思维是以实体性主义为依托的诠释存在的方式，是古希腊人追求宇宙"始基"和"质料"所采取的哲学思维。它把存在预设为实体，把宇宙万物理解为实体的集合，并以此为前提诠释一切的思维，是以"实体"眼光看待一切的思维。实体思维以"本体论承诺"为前提，认为无限复杂的宇宙可以还原为某些基本实体，即具有既定或固有质的绝对本体，绝对本体超越现实，都是现实和感性世界的基础。

教育的实体思维源自本体论哲学和认识论哲学的"形而上"追求。教育实体思维的典型特征是：将教育视为实体性的静态存在，教育中的人、事物以及各种教育活动过程都可以先在地预设其本质，认为人的能力整体是由不同的素质实体构成并可以进行要素式分解，企图发现教育现象背后的永恒不变的本质和规律，并以此作为先在设定对教育的存在和发展做出解释、预测和控制。教育实体思维割裂了教育的整体，也造成了教育的自我封闭、孤立自存。

（二）教育的关系思维

西方哲学从柏拉图到笛卡儿，逐渐确立了以主体与客体二分式为主导的哲学，笛卡儿的"我思故我在"，认为人通过其独特的思维方式而成为主体，被思之物就成为客体，奠定了主体—客体分裂的二元论基础。康德提出"人为自然立法"，至黑格尔集"主客二分"之大成，这种思维方式把世界视为外在于人、独立于人的自我封闭的、预先给定的既有存在（其中唯心主义把这一世界归于精神，而唯物主义将其本质归为物质），都从一个外在于人的东西出发，并以其论证世界的统一性和客观性，再类推到人类历史和人类自身，世界被一分为二。自在世界和外于世界的人，主体世界和客体世界。

教育研究中的关系思维把教育活动或过程预设为动态关系，其中的存在者预设为潜在因素在关系中的显像，并以此为前提诠释教育的思维。在关系思维中，教育中的人、事物以及各种教育活动过程不是孤立的、由固有质构成的实体，而是多种潜在因素缘起、显现的结果。20世纪后期的反本质主义则从根本上解构了实体的思维方式，认为研究主体与客体相分离是不可能的，主客体的关系是一个互为主体、相互渗透的过程，主体对客体的认识实际上是主体和客体在互动的关系中对客体的重新解读和建构。

（三）教育的生成性思维

生成，就是事物的生长、变化与转化，它既指从无到有的突现过程，也指从弱到强的生长过程，还指从一种状态到另一种状态的转换过程。生成体现的是一种既有起点、又有终点的过程性。

实体思维从本质和规律、原理和模式等视角诠释教育活动过程；而关系思维则试图从对话分析、过程分析、背景分析和层次分析等维度寻求教育研究的突破，但两者仍局限于概念思维层面，归根到底是一种预设性的思维。现代哲学家对这种预设性的思维进行了彻底的批判，反对传统的二元分立，主张人与世界的融合统一，倡导和践行生成论的思维方式。

从20世纪以来，尼采、海德格尔、伽达默尔、德里达等，都试图舍弃主客二分式的话语。如海德格尔提出，人的基本存在方式是"在世"；马克思要求哲学从天上降到地上；维特根斯坦把一种语言看作一种生活形式，现象学的宗旨是"回到事情本身"生成性思维指把存在诠释为由主体能动的实践显现的，用发展的眼光看待一切的思维。它把主观和客观、本质和现象、关系和过程视为主客体互动中不可分割的动态整体，力求从这一动态整体中对存在、本质、价值等进行诠释和理解。

教育研究的生成思维，不再抽象地、孤立地考察物质实体和精神主体，而是把人的生活、实践及其相关因素作为一个整体来考察。存在不只是"实体"，不只是"关系"，更是"过程"，是以主体及其实践为轴心不断被创造和显现的过程，是主体透过"功能"来把握属性与本质、真理与价值的过程。它从生活和实践出发，重建了人在教育中的意义和价值，转化了一种新的教育研究路径，形成了动态的变革思维。

六、教育评价的范式变革及方法论意义

范式是一套相互关联的概念，它提供了人们观察和理解特定问题和活动的框架，决定了人们的目的，解释观察到的现象以及解决出现的问题的方式。从方法论视角来"看"教育问题，注重的是表述、分析问题的方式、切入点和研究路径。

教育学是这样一种人文知识，它所要阐释的教育就是人在生活中通过学习进行选择与创造的问题。教育不能脱离价值而存在，价值是前提性和优先性的问题。进一步而言，教育学不可能脱离教育活动成为一套由概念、规则、原理和规律支配的抽象科学，而是一种解释性的或辩解性的人文知识，它更多的与社会文化和人的生活联结。教育与人的生活一样，是创造性的，是不可还原和不可复制的。教育学只能对教育与生活做出合情合理的解释。对作为一种文化的教育活动进行理解与解释的教育研究范式具有"求善"的价值。

在西方，从泰勒始，一直到20世纪的60年代，逻辑实证主义的理念和方法规范，在教育评价领域始终占据了主导地位。传统的教育评价无论是形成性评价还是终结性评价、定性评价抑或定量评价，更多的是关注教育活动的实效性和功利性，注重对教育实践结果与既定目标的一致或吻合程度的量化估评与判断，而缺少了对教育对象的人文关怀。

20世纪60年代起，人们对传统的教育评价模式进行反思批判，到70年代发展出所谓的"解释性评价"（illuminative evaluation）。解释性评价是依据人种学的研究范式而提出的，它不是测量预期的教育效果，而是对整个课程方案进行整体而深入的研究，并强调观察、访问等质的探究方式。从方法论的角度，理解的研究范式反对实证主义把整体的教育现象加以肢解、分析的方法，而强调把教育作为一个整体看待，把教育现象中人的行为和事件同所处的各种关系结合起来加以考察，以揭示教育行为背后所蕴藏的价值和意义。

从方法论的角度，理解的研究范式反对实证主义把整体的教育现象加以肢解、分析的方法，而强调把教育作为一个整体看待，强调从整体的人出发去研究教育现象和教育现象中的人，以揭示教育行为背后所蕴藏的价值和意义。这种研究范式认为，教育活动是人有目的、有意识的人为活动，具有主观性的价值性，教育研究的主题不在于外显的教育行为和现象，而在于教育行为所蕴含的生命意义，重视被研究者的生活史和环境对它的影响，重视教育行为的个体性的情境性教育研究的目的，不只是要从客观量化的研究中来了解事实，它更重要的是了解和解释这些事实背后的意义，以此作为批判、改进和超越不合理的教育现象的基础。

七、教育评价标准的价值生成：人的自由发展

教育评价标准是教育评价活动所遵循的价值准则，是应用于评价对象的价值尺度，体现了人的理性思维特征。对于教育评价标准的价值思考，主要不是评价标准在科学性上的是与非、对与错、可行与否的分析，而是在科学性基础上形而上层面的理性价值追问，是对评价标准自身善与恶，正当合理与否，应该不应该的反思。

评价既是一个呈现价值，又是一个创造价值的过程。教育活动是人的意义生成的价值活动，教育评价是对教育活动的价值认识，教育评价标准体现着教育评价活动所遵循的价值准则。在教育评价实践中，作为主体的人是信息和行动的发出者、追随者和执行者，评价活动是评价主体根据自己的需要创造价值的过程。人由此而成为教育发展的"价值丰体"，促进人的发展是教育评价的根本目标。以人为本的教育评价，将人格的发展定位于教育目的的最高层次，使教育发展真正成为促进人的自由发展和人格完善的过程。人的自由发展是教育评价标准的核心价值准则。

艾斯纳从改造评价标准的角度提出了"表现性目标"。他认为，作为一种对文化传递负有责任的机构，学校理应关心促使学生接受那些智力规则和技能，这将使他们有可能获益于前人的贡献，这种目标就是一种"表现性目标"。表现性目标是唤起性的，它并不指明学生经过一种或多种学习活动后接受的行为。对这种表现性目标的评价近似于艺术批评，即是说，评价者评价一个作品，检查它的质量和意蕴，但并不引导艺术家趋向于作某一特定类型的画。表现性目标的提出，让人们领悟到，教育并不是只能"生产"一些预定规格的"产品"，在更广泛意义上教育对人发展的作用是开放的。

第四节　高等教育：一种价值性存在

大学是一种学术性自组织，高等教育是一种价值性存在。高等教育评价是一项有生命存在价值的实践活动。高等教育评价标准作为应用于评价对象的价值尺度，具有存在的意

义和认识论的意义，有行为规范的工具价值和大学发展的理性价值，其中高等学校的主动发展是高等教育评价标准的核心价值。

高等教育价值是普遍价值的一种具体表现形式。当今，建立在适应论、工具论基础之上的传统高等教育价值哲学受到了来自现实的巨大挑战。人们在对高等教育的危机与褊狭进行责难与抨击的同时，心底并未放弃对高等教育自身的美好追求。基于生存本体论的高等教育本体价值呼之欲出。

一、关于高等教育价值的研究

基于不同的分类标准，高等教育价值体系的结构也是丰富多彩的，主要有以下几种分类：

根据高等教育的不同功能，将高等教育价值体系分为政治价值、经济价值和文化价值，其中高等教育的政治价值将高等教育利于社会、国家发展的价值置于首位，认为高等教育的主要价值在于为社会培养人才，以此促进国家政治、经济和社会的发展；高等教育的经济价值是指国家、学校以追求高等教育效益的最大化为目的；高等教育的文化价值是指高等教育满足继承、传播、创新文化需要的程度。

根据高等教育的主体不同，将高等教育价值体系归结为个人价值、知识价值和社会价值，其中高等教育的个人价值是指高等教育具有"促进个人发展知识能力的价值，促进个人提高文明素养的价值与促进个人改变社会地位的价值"高等教育的知识价值是指高等教育在知识创新、学术探究、促进学问发展等方面的价值；高等教育的社会价值是指高等教育在与社会相互作用中体现出的促进社会发展的功用与意义，具体包括高等教育对政治变革与发展、促进经济发展与进步等方面的价值。

根据高等教育功利程度的不同，将高等教育价值体系分为工具价值和理性价值，其中高等教育的工具价值把高等教育视为达到外在目标的工具，功利性极强；高等教育的理性价值则认为高等教育的价值在于发展人的理性，不应为任何外在功利的目的服务。

根据高等教育的哲学基础不同，可将高等教育价值体系分为认识论的高等教育价值和政治论的高等教育价值。美国学者布鲁贝克在《高等教育哲学》中指出："大学确立它的地位主要有两种途径，即存在着两种高等教育哲学，一种哲学主要以认识论为基础，另一种哲学则以政治论为基础。"以认识论为哲学基础形成的是知识本位的价值观，以政治论为基础形成的是社会本位的价值观。

二、高等教育价值研究存在的问题

目前关于高等教育价值的研究，不管是强调高等教育满足了知识发展和理性发展的需要，还是满足人和社会发展的需要，都仅仅停留在"需要"的范畴，远离了甚至遗忘了人的"生存"，缺失了"生存"的意识，以至于从根本上遮蔽了高等教育的本体价值，使高等教育出现了自身的"本体危机"或者"合法性危机"，主要表现在以下几方面：

（一）高等教育的工具化

不论是英、法国家的"新大学运动"、还是德、美国家的"现代大学组织革命"，所有这些在不同经济社会和文化模式背景下发生的高等教育变革运动都充分地体现了工具主义理性的基本要求。工具理性的价值选择导致"技术至上""科学至上"和"职业主义"的心理认同，其后果造成了整个社会价值体系的倾斜——许多人从对西方传统文明的虔诚转而变成对现代科学技术的崇拜。他们开始深信只要尽力发展科学技术，将人类智慧与能力完全奉献给物质生产，即可创造一个幸福美满的社会，享受舒适的生活。

随着工具理性的扩张和强化，高等教育机构本身逐渐失去了本体性的地位而被工具化。"大学正在变得五花八门忙于各种各样互不关联的事。它们不必要地降低自己的身价，使自己庸俗化和机械化""最糟糕的是它们成了大众的服务站"。美国原芝加哥大学校长哈钦斯批评道："越来越多的4服务站大学正在设计能够满足付钱者、学生、私人捐助者和州的立法机构的政策。典型的学术之府既没有了自由，也没有了独立，因为它们不得不追求资金以支持其各种任务。"20世纪80年代美国大学教育思想的代表人物布鲁姆曾深刻批评工业化模式下的大学教育，对高等教育也有过类似的批评。他认为，现代大学已经背弃了培养完善的人这一传统的办学宗旨，大学在很大程度上已退化成为单纯的职业培训中心。布鲁姆谴责就业至上论是对大学精神的侵蚀，指出那种支离破碎的专业培训，只培养出了没有理想的技术专家而并非高贵完整的人，这自然背离了大学的理念。

（二）高等教育的功利化

在一定意义上说，大学制度如果要发挥其功能、实现其使命需要以一定的利益追求为手段，实际上，这正是大学制度走出象牙塔、走向社会中心的一种表现，但是，任何事物都必须限制在一定"度"的范围内。若功利主义手段变成了目的，超过了一定的限度，必将导致大学制度出现实质合理性危机，也必将"在教育上会有意无意地压制另外一些因素，会以一种倾向掩盖另一种倾向，会遮蔽甚至失落暂时不需要的东西，比如人文精神"。

极端的工具主义理性化的价值取向，造成高等教育功利主义的过度膨胀，主要表现在以下几方面：

其一，知识的功利性。知识的整体性联系被割裂，系科被划分地过于狭窄。高校为了追求所谓的大学声誉，为了获取更多的经费支持及特权，往往把高校的科研成果作为评价其整体水平的重要标准，教学成了科研的附庸。

其二，教育目的功利性。长期以来似乎教育和受教育的唯一目的就是为了升学、就业、出国、晋级、升迁等功名利禄，只有能达到这些目的的高等教育才是有用的教育，而忽视甚至排斥高等教育促进个人自身完善的非功利价值。

其三，高等学校的功利性。大学常被"社会适应论"所束缚，而其与生俱来的追求真、善、美的精神不知不觉中被过分的功利追求和短期效应所冲淡甚至悄然失落。"大学生们为工作而忧虑，目光短浅地强调职业教育的主张以其注重技能的训练而支配着高等学校。"

（三）高等教育的非人性化

由于过于看重高等教育的社会功能，尤其是经济功能，而忽视了个体发展功能在社会发展中的积极作用，高等教育成了工具，人也成为工具，以至于反主流文化的批评家发出这样的慨叹，"高等教育不仅不能阻止它的学生被套上理性主义的枷锁，而且还在尽力使这些枷锁更舒适。"

高等教育的非人性化主要表现为以下几方面：

首先，忽视学生教育主体地位。在许多教师的教育观念中，学生的主体意识还很淡薄。开什么课、学什么、怎么学、考什么、怎么考，全由老师说了算，学生的自觉性、主动性、积极性也随之被扼杀。

其次，教学模式的单一性。目前的高等教育基本上还是单一模式的教育，是一种"削足适履"的教育，对高等教育的"产品"学生有了一种先入为主的构造模型，没有可供学生充分选择的余地。

再次，教学管理专制化。除了国家、地方教育部门的层出不穷、形形色色的法律法规以外，高校内部的各种规章制度更是数不胜数。这个庞大的制度体系，更多的是站在国家、学校、管理者的角度来对学生进行制约，维护和巩固了学校行政权力的中心地位，弱化了教师的学术权利，限制了学生的精神自由。

三、高等教育的生存本体论转向

现代高等教育所出现的一系列危机，从某种意义上讲，就是高等教育与人的"生存"关系出现了问题，以至于"人成为高等教育遗忘的存在"。强调人"生存"的本真性和原初性其实是对"生存"做某种"现象学还原"，高等教育也只有还原在关注"人的生存"这个基点上，才会寻找到高等教育本体价值的根，才会真正找到其意义和价值之所在。我们对高等教育价值进行分析时，就不能仅停留在对需要的感性理解上，所有关于高等教育的价值认识都要以生存论来做基础。

伯顿，克拉克的高等教育规范理论从组织系统的分析观出发详细地说明高等教育系统的价值论问题无论是关心教育的现代公众的期望，还是政府官员或高等教育工作者的兴趣、态度，都离不开高等教育系统基本的价值体系：正义、能力和自由，另外还有社会或政府称之为"忠诚"（功利、道德）的价值体系。

大学之所以为大学，其存在的合理性"在于它们不断地在我们眼前呈现体现对人类最高能力持久的信任的教育机构所体现出来的永久价值"。这种合理性的意义不仅使大学在存在的时间和形式上超过了任何的政府、任何传统、法律的变革和科学思想，更主要的是作为"（人的）生命最强旺的表现"。高等教育的存在与发展离不开对个体生存的关注，高等教育的根本价值体现在对人之生存的高层次关怀。

高等教育在于着力培养学生具有不断超越、面向未来的精神气质，这种精神实质上是整个人类文化所体现的根本精神，或者说是整个人类文化生活的内在灵魂。它以追求真善美等崇高的价值理想为核心，以人的自由和全面发展为最终目的。"人的成长表现为精神的成长，教育培养人就是培养人的精神，精神构建就是教育的绝对使命"。高等教育的本体性价值在本质上就是追求这种"精神性"的实现。

高等教育面向未来，指向人生的事业，人的生存、发展、自由是大学的终极意义和价值追求。高等教育只有在关注人的生存的过程中实现高等教育中人性的复归。个体的生存离不开大学精神的导引，而超越性、批评性、反思性、创造性等正是高等教育的精神内核，是高等教育的应然追求。

四、大学的学术自组织特性

现代大学之直接源头是欧洲中世纪的大学。University 一词就是由中世纪的"universitas"发展而来的，指的是一群教师、学者或学生所组成的学术性的行会组织。12 世纪，一群学生和教师仿照这种学术行会式的组织形式形成了现代大学的雏形，目的就是为了避免受到宗教和世俗政权的干预，获得探索知识和进行学术研究的自主权。到了13—14 世纪，中世纪大学已经遍布欧洲各地。"大学教育的组织形式，使得中世纪的文明在此获得了切实的发展，而这种组织也通过自身的转化，确保自身一直延续到我们自身所处的时代。"

尽管中世纪大学与宗教密不可分，但是自大学产生之日起，它就是知识和真理的化身，它的崇高理想就是为学术而无私献身，"力求使自己成为一个不受外界干扰，不屈服于实用主义压力的自由探索知识和传播知识的知识之都"。"只要高等教育仍然是正规的组织，它就是控制高深知识和方法的社会机构。"而知识材料，尤其是高深的知识材料，处于任何高等教育系统的目的和实质的核心"。可以说，大学是具有独立精神的自为性组织，学术是大学之所以存在、发展和创新的根本和起点，是大学保持自身活力、确立与外界环境之间关系的内在根源，也是大学区别于其他组织的边界。

大学的学术具有组织特性，首先表出它的"自我生长"性，即按照学术自身的"基因"特点，自主生长和发育，按照学术特质而进行自主的发展决策、资源配置和自我约束，在大学学术发展目标、过程、手段和结果中，体现学术特性的价值意义和优先性；其次是适应性与超越性。学术必须扎根于一定的学术土壤之中才具有生命力，因此，学术的自我生长性必然包含有对特定生态环境的适应性，同时，在适应特定生态环境的自我生长中，此学术与彼学术之间、此学术与特定环境之间，总会有物质、信息、能量的输入输出等交换，交换结果就可能出现学术变异现象，优于亲代的"学术后代"在"自然选择"和"人工选择"下，被保留下来，即出现了"超越性"。

从建立现代大学制度的角度来看，自组织反映了现代大学制度的基本特征。大学就如同人一样，是一个相对独立的、活的生命有机体，谋求自身发展是一种本能的需要。作为一个追求自身生存与发展的社会组织，大学在发展过程中需要对自身发展状况做出客观评判，需要对自身发展不断反思与评价，以期不断总结自身发展的经验与教训，不断修正自身发展的目标与方向。现代高校作为一个边界相对确定的学术文化系统，其发展的"内在理论是竭力使自己从纯粹的手段上升为自在的目的"。

五、大学发展与高等教育的价值存在

美国学者布鲁贝克认为，教育活动的两种不同功能把教育价值划分为内在的价值和外在的价值两大类。"内在的价值就是我们不是因为它们对于另外某些事物有用，而是因为它们本身就具有好的价值。它们的价值并不是它们对于另外一些在它们本身之外并且超过它们的价值有什么好处，而是它们本身所固有的，是内在的。"

高等教育系统的结构和过程本身就充分体现出价值和意义。高等教育是一种价值性存在，高等教育存续的合法性及其获取生存和发展的必需资源的可能性，都依赖于高等教育的存在样态和发展方式对于各类利益主体而言的合目的性。为了赢得自身存续的合法性以及必需的经济性、政治性资源，高等教育必须在展示、坚持自身内部特殊规律的同时，竭力使自身的存在样态和发展方式适合各类利益主体的价值期待和利益需求，从而实现有利于高等教育存续的资源交换。

高等教育实践是一个涉及高等教育机构、高等教育工作者、受教育者等多元主体和各种社会环境因素及多种价值观的复杂的实践活动。从高等学校自身来说，它的需要也是多方面的，其中最主要的是生存与发展的需要。高等教育以超越性、批评性、反思性、创造性的特征促进个人的身心发展、文化繁荣和科学创新本身的价值。这种发展本身就是目的，而不是为了外在目的的追求。高等学校组织在社会上存在，最重要的理由是具有自身价值和社会价值，自身价值是社会价值的基础，社会价值是自身价值的最终体现。

总之，高等学校作为价值性存在，它具有自己的理想与价值追求。高校所追求的自身的价值与精神，建立在对高深知识创造、传播与应用的基础上，往往表现为对学科发展的内在需求、注重现实利益与长远利益的结合、关心公众利益与社会文明进步等。与其他评价主体相比较，高等院校具有明显的独立性，其价值不仅体现在高校组织自身的生存与发展，更体现在坚持并努力实践对大学精神、理想与使命的坚持，即追求真知、坚持信念、崇尚自由。

第五节 高等教育评价的规范认识

作为一种文化性实践活动，高等教育评价是一套规范的行为和态度，旨在改变现存的教育功能关系，造就一种新的教育价值关系，实现高等教育的价值增值。

一、我国关于高等教育评价的界定

与教育评价的界定相比，国内对高等教育评价的界定相对单一，在认同其价值判断的本质属性基础上主要有以下几种观点：

（一）价值判断说

价值判断说认为高等教育评价是对高等教育的价值进行价值判断的活动。

许茂祖认为，所谓高等教育评价，是对高等教育的社会价值进行判断的过程，属于教育评价的范畴。高等教育评价的本质特征就是价值判断，它所要解决的问题不是客观地描述评价客体即被评价者自身，而是解决客体与主体之间的关系——客体满足主体需要的程度。

陈广桐认为，"高等学校教育评估就是根据高等教育的目标，运用有效可行的手段，对高等学校教育活动机器有关因素进行系统描述，并在此基础上对其状态和价值做出判断，从而推动教育活动不断优化的过程"。

（二）决策服务说

决策服务说认为高等教育评价是为决策者提供服务的活动。

陈谟开认为，"高等教育评价是以高等教育为对象，依据教育目标，利用一切可利用的评价技术和手段，系统地收集信息，并对其教育效果给予价值上的判断，为做出决策、优化教育提供依据的过程"。

（三）认识说

认识说认为高等教育评价是评价主体对评价对象的认识活动。

别郭荣认为，高等教育评价过程是人类的一种特殊认识过程。在高等教育评价过程中，评价主体即评价者与评价客体即评价对象构成一种主客体关系，主客体双方通过双向互动履行评价职能，完成评价活动任务，达到评价的目的。高等教育评价的主客体关系不是一种实践性主客体关系，高等教育评价不是以改变高等教育或高等学校的实际状况为直接目的，其直接目的在于弄清高等教育或高等学校的实际状况，发现高等教育或高等学校发展过程中的进步与优势，鉴别或诊断高等教育或高等学校工作中存在的问题、困难与不足，并据此提出相应的改进工作的意见和建议。

认识说认为高等教育评价是一种认知性活动，不以改变高等教育状况为目的，有助于我们认识高等教育评价中高等学校的价值主体地位。

二、当前高等教育评价存在的问题

总体看来，国内学界普遍认同高等教育评价是对高等教育的价值进行判断的过程，但这种认识多局限于主体在主客二分的认识框架，把教育现象看作客观的事实，将高等学校作为价值客体，将高等教育的价值归结为高等教育系统之外的社会价值，忽视了高等学校作为价值主体时主动发展的价值。

受这种"实体化"和社会工具取向的高等教育评价观的影响，人们往往将高等教育评价视为一个由先定本质和抽象实体支配的过程，评价过程中的人成为某种外在权威支配的被动客体。在高等教育评价的实践领域，人们迷恋于高等教育评价的工具理性，刻意追求高等教育评价的功利性价值，把高等教育作为国家、社会和个人发展的工具，而忽略了高等教育的终极关怀和长远追求，导致整个高等教育运行和发展中"责任主体"的缺席。

评价是一种以实践活动作为自身本源性生存方式的存在者，而评价实践活动作为评价本源性的存在方式，是以一种现实的方式展开着自身的存在。在这种实体和工具取向的高等教育评价观的支配下，高等教育评价仅仅成了一个被概念化和虚化了的事物，而不是一项生存着的有生命存在价值的实践活动，高等教育评价失去了其自身存在的本体意义。

三、高等教育评价的价值意义

高等教育评价是一个复杂的过程，它以价值判断为核心，以与高等教育直接或间接相关的事物和人为对象，主要目的不在于价值判断本身，而是通过价值判断，科学地利用其判断结果，优化高等教育，使其功能充分发挥。

高校是精神文化的圣地，高等教育评价也应有自己的精神与文化。在高等教育评价实践过程中，评价的存在绝不是摆在那里的"现成存在者"，而是显示为一种"生存"的过程，显示为一个具有生命力的不断生成的开放流动过程。评价过程中的所有行为和表现都不应看作是孤立的"个别行为"，而是在表演一套规范的行为和态度，体现着一种内在的精神张力。高等教育评价的教育价值源于评价的"自我创生""自我超越""自我解放"的精神，评价的终极关怀就是"教育自由"的追求——促进人的自由发展以及高校自身的主动发展，并实现评价自身的价值。

理想的社会应是适合人的自由自觉发展的社会；理想的教育应是创造一个适合人的自由自觉发展的教育，理想的评价应有利于促进高校自由自觉教育秩序的生成。高等教育评价的实践本性要求通过评价最大限度地激发高校自身的潜能，使高校自主、自由创新与发展的能力在现有条件下尽量充分地施展出来，保证高校作为教育性学术组织在实践中的创价活动与现实社会保持必要的距离，从而充分发挥其培养个性张扬的人才、传承和创新学术的本体职能，满足教育主体的内在需要。

日本学者庆伊富长认为，"大学评估的最终目的在于更好地发挥大学的机能——进行教学和研究。换句话说，它的目的在于提高、改善教学和研究的水平。"美国学者博尔也认为，"激发学校的教育潜力和活力，是教学评估的使命，也是它的根本生命力所在。"对高等教育这种关系到社会和人的全面发展的重要实践活动进行评价，绝不是对被评客体进行简单的分等鉴定，也不能局限于为未来的教育决策提供信息，同时也不仅仅是对其现实价值进行简单判断，而是必须以其未来发展为着眼点，以能否实现高等教育的价值增值为最高评价标准。通过这种评价，并将这种评价作为高等教育实践主体进行学习的工具，以充分挖掘未来发展的潜力，开拓未来发展的空间，实现未来发展的多种可能性。

四、高等教育评价的规范发展

高等教育评价是具有生命存在价值的文化性实践活动，是一套规范的行为和态度。高等教育评价的规范发展是在高等学校不断发展前进的历史过程中形成并且不断完善，逐渐彰显其价值和意义。

（一）基于办学资格的许可制度

作为第一代评价的大学许可制度产生于高等教育制度萌芽时期的欧洲。在欧洲中世纪大学产生之初，大学一词的拉丁语义是"行会""社团""公会"的意思，是一种"基尔特"，即"教师与学生社团"。发轫于中世纪大学的高等教育，尤其是欧洲大陆的高等教育最初是在自我推崇的"象牙塔"内从事远离世俗国家和社会的个人自由探索工作，并且这种在一定程度上由高等教育的特殊性所决定的"自治和自由"思想逐渐演变成一种权利和传统。

在当时知识和科学成为宗教奴仆的时代，为了生存与发展，大学作为社团成立之际首先需要获得国王或者教会的认可，需要由教皇或世俗的国王颁发办学许可证，承认该大学具有办学资格。为此，大学在申请之际就必须努力证明自身的活动符合认可条件要求，而国王和教会以及地方割据从发展自身势力的目的出发也需要对大学予以积极扶持。大学获得了这种特许权，则标志着具有相应的办学凭证和条件，进而赢得了自身生存与发展的外在条件。可以说这种认可或者执照获得本身就是一种最古老的资格认定型的大学评价活动。评价的主体是权力机关，标准是绝对的，目的是维持大学的设置标准。

（二）基于办学条件的院校认证

19世纪末到20世纪初，随着资本主义市场经济的发展，美国的大学发展非常混乱。大学没有一个明确的定义，也就没有明确的要求，从而引发了公众对教育质量是否能得到有效保障的质疑。人们普遍希望能有一个统一的标准来鉴定各校的教育质量，来规范各种大学，给正开办的大学进行界定，确定其内涵，进而确立统一的准则来鉴别高等院校，使其达到基本办学要求，以使各院校的人才培养有个基本标准。在这种形势下，各州之间迫切需要建立一种衡量教育质量水平的共同标准。于是，在19世纪末20世纪初，大学逐渐结成了一种跨州的全国性的团体组织，开始实行资格认证制度，即对加盟该团体的大学的质量水平进行必要的审查，只有达到相应标准时才能得到该组织的会员资格。

当时由于中学课程的多样化，各地区院校协会的认证活动还不是现在意义的对院校进行的为了保证和提高办学水平和教学质量的认证活动，而是为了保证进入大学的学生达到基本的要求所开展的一种对入学资格的筛选制度。

（三）基于国家利益的政府评价

20世纪初，随着各国公共教育制度的建立，西方各国政府都以不同方式介入了原来由私人所掌握的教育领域中，同样，在高等教育中，国家的财政拨款、教育法规的制定和实施等措施也强化了国家对高等教育的必要控制。如实行中央集权制的法国对高等教育实行较严、较全面的控制，培养目标由国家统一规定，招生考试由国家统一组织，高等学校的经费、人事等事项也由国家统一掌握，高等学校的自主权很小。认识论和政治论虽"在历史上都曾占有过主导地位，但自第二次世界大战以来，以政治论为基础的高等教育哲学却始终占有明显的优势，高等教育愈益被视为国家和社会发展的工具"。

与此相适应，这种国家主义倾向也渗透于高等教育评价的各个方面，从而形成了一种国家主义高等教育评价——以国家利益（核心是占统治地位阶级的利益）为标准去衡量高等教育的价值，以达到高等教育为国家发展服务的目的。这种高等教育评价多是由国家行政官员依据国家标准对高等学校进行一定的评价，评价的主体依然是政府，尺度则是相对的，其主要目的是提高大学的办学效益。

（四）基于质量保障的中介评估

20世纪80年代以来，随着越来越多的国家步入高等教育大众化、普及化，高等教育已经发展成为一个庞大的、多样化的复杂体系。随着高校学生人数的大量增加、学生群体结构的变化和高等教育经费供求矛盾的日益突出，高校面临维持和不断提高其活动质量的压力越来越大，传统高等教育质量管理体制的有效性受到怀疑和仔细的检查。"如果不能、也不愿把国家拒之门外，那么关键的问题便是如何在国家的体制框架之中，最大限度地实现教学和研究的自由。"这就要求"评估与质量检查，尤其是对公立高等教育机构的评估与质量检查，不应当变成外加的束缚，或者作为控制拨款的手段，而应成为促进高等教育自我完善的手段。"

在此背景下，人们把20世纪70年代末到80年代初工业界质量管理中的"质量保证"的思想方法引入高等教育质量管理，掀起了世界性的高等教育质量保障运动。高等教育质量保障及其改进的主要责任在于高等院校。它以高等学校的自我评价为基础，由高等教育质量保障机构组织同行专家对高等学校或专业进行质量评价活动，激励高等学校不断地为提高质量而努力，帮助高校有效地提高办学质量。尽管，满足国家和社会对高等教育质量越来越高的要求，是各国政府积极推动高等教育质量保障运动的根本目的，但高等教育质量保障客观上促进了高等学校的自我保护和高等教育的改进，形成了一套高等学校的自我约束机制，发展了高等教育的质量文化，提高了高等学校的自觉的质量保障责任。

（五）基于大学发展的院校有效性评价

"有效性（教育）是一种准确的考察或分析的输出，以度量是否具有一个清晰的教育目标（质量）或者一所高等院校能够满足明确的需求的程度。结合教育有效性的度量，通过质量保证与认证考察，创设一个增值的过程，并使学校养成一种注重证据的文化（culture of evidence）。"21 世纪初以来，"高等教育院校有效性"（institutional effectiveness of higher education）（简称"院校有效性"）普遍流行于美国，与"院校研究"（institutional research）"院校责任性"（institutional accountability）"促进改革"等词汇密切联系，并成为美国高等院校内的通用语。"院校有效性"在英国和欧洲也很盛行。

美国新英格兰学校与院校协会下属的认证机构高等教育委员会（简称 IHE）早在 1992 年关于院校有效性的相关政策中指出，"在当前的认证标准中，本委员会再次强调每所院校度量其有效性的重要性。一所院校去评价它的有效性并用所获得的信息来改进有效性的努力和才能，是院系质量的重要指标。""这种评价过程需要收集与分析有关院校使命、目的与目标的阐明，以及与其计划项目与活动的真实结果之间的关系。"2005 年，该委员会在公布的新的认证标准报告的前言中指出，"希望院校改进质量，提高院校的有效性，并必须朝向卓越"。

在英国，高等教育质量保障署成立之初的 1997 年到 2002 年期间，主要在院校和学科两个层面开展质量保障工作。院校层面的质量保障活动称为学术质量审查，主要目的是通过对高等教育机构的检查，来确认各校是否具备充分、必要、有效的学术标准和质量管理程序。学科层面的质量保障活动称为教学质量评估（TQA），主要考核被评估学科的教学质量和学生的学习状况。鉴于在实施过程中的诸多问题，2002 年，高等教育质量保障署改变了这种直接评估院校教学质量的做法，赋予院校更大的质量自主权—根据自身的实际情况来设立质量目标，对院校质量保障的有效性进行审核。

院校有效性概念的理论意义在于：关注个别院校的发展，主张用不同的标准评价不同类型的学校，而不是对各种不同类型院校建立在同一标准之上的"好"与"坏"和"高"与"低"的评判；强调系统性、动态性、多元性和相对性，强调进步程度（接近程度），强调过程，这对于促进高等学校的主动发展有着十分重要的指导意义。

第六节　高等教育评价标准的价值研究

高等教育评价就其本质讲，是在事实判断基础上的一种价值判断活动，这种价值评判是以高等教育价值主体的内在尺度和需要为标准和依据的。高等教育是富含人生命体的价值主体，大学崇尚学术自由，追求学术自由。大学主动发展的理性价值是大学知识创新价值标准的源泉，同时也是高等教育评价的价值标准。

一、我国关于高等教育评价标准的界定

我国关于高等教育评价标准的界定主要有价值说和认知说。

（一）价值说

价值说认为高等教育评价标准是评价主体对价值标准的反映，是意识到的价值标准和现实化的价值标准的统一。

张远增认为，以高等教育作为价值要素的价值评价标准，一方面表现为高等教育作为价值客体所表现出的价值，可以划归为满足作为人的价值主体的共同需要，它位于人所建立的特定价值系列的某一环节上；另一方面，表现为高等教育作为价值主体时，总是按照自己的需要建立不同层次的价值标准，对价值客体的价值进行排序，可以分别以经济、社会、文化、知识、学术以及个人等为价值主体建立评价高等教育的价值标准。

（二）认知说

认识说认为高等教育评价标准是评价者与评价对象双方对高等教育的现实与理想的共同认识与追求。别郭荣认为，高等教育评价的标准是评价者与被评价者相互作用、相互影响、相互协商的结果。这些原则与标准不但包含了高等教育评价主客体双方对高等教育理想状况的认识与追求，也包括了主客体双方对高等教育现实一般状况的共同认识与了解，还包含了人们对各级各类高等教育不同性质、不同特征、不同使命与不同办学目的的理解与认可。高等教育评价标准是从评价主客体双方的高等教育的认识中抽象出来的，是建立在主观与客观、主体与客体的高等教育认识基础之上的，在认识论上具有科学性。

二、几种典型的高等教育评价标准

高等教育评价标准是衡量高等教育价值大小的价值准则。由于不同的价值主体或评价主体对高等教育进行评价时，会建立各自的评价标准，所以以高等教育作为价值要素的价值评价标准具有多样性。总体来看，主要有以下几种观点：

（一）以高深知识作为评价标准

布鲁贝克指出，"强调认识论的人，在他们的高等教育哲学中趋向于把以闲逸的好奇精神追求知识作为目的。他们力求了解他们生活的世界，就像做一件好奇的事情一样"。"这种对知识的探求不仅是闲逸的好奇了，只有越来越精确的知识验证才能使人们得到满足。高深学问忠实于真理，不仅要求绝对忠实于客观事实，而且要尽力做到简洁、解释有力、概念文雅、逻辑严密。"也就是说，高等教育是探讨高深学问的，高深学问又忠实于客观事实，而且，规范的专业知识能够使人们信服，得到满足。

以高深知识作为评价标准体现的是高等教育学术价值，其实质是知识本位价值观的体现。精英高等教育主要是塑造统治阶级的心志和个性，大学作为"学术机关"的学术性质量标准成为高等教育精英阶段的唯一尺度。传统大学以学术为标志，不论是古代的大学还是现代的大学都把学术标准奉为最高准则。尽管职业教育、实用教育、生计教育在资本主义工业革命后应运而生，今天的大学依然以学术性标准作为根本的质量尺度。将高深知识作为评价标准，强调学术导向、教师导向、学科专家导向，重视的是课程知识、学科体系、教学内容与学术规范本身的自我演绎、自我构建、自我繁衍与自我扩张。

（二）以国家利益作为评价标准

政府作为高等教育评价的主体是高等教育评价的主导力量，它对高等教育的评价一般是以国家需要和政府公共责任的实现作为价值基础，衡量高等教育价值的标准是高等教育是否满足了政治的需要、经济的需要以及实现社会公平的需要，相对忽视了社会以及个体的需要。

以政治论为基础的高等教育哲学认为，"人们探讨深奥知识不仅出于闲逸的好奇，而且还因为它对国家有着深远影响过去根据经验就可以解决的政府、企业、农业、劳动、原料、国际关系、教育、卫生等问题，现在则需要极深奥的知识才能解决。而获得解决这些问题所需要的知识和人才的最好场所是高等学府"。随着社会的发展，国家对高等教育的要求也越来越高，他们不但需要为国家战略培养人才，为了加速整个社会运转，并使之顺畅，提高国际竞争力，还要要求高等教育系统为社会各个部门培养更多更好的人才、创新科技，为国家制定有效的政策方针献计献策。

（三）以社会需求作为评价标准

以社会需求作为评价标准指的是高等教育机构提供的教育服务满足国家、社会需要的程度，它强调的是教育对外部需求的满足程度，即教育是否契合了社会的需要。高等教育要提高质量，必须把握好学校自身的定位和目标，把满足社会市场需求、求学者及家长的需要作为自己的发展理念。社会对高等教育的需求有其功利性，其满意的标准很大程度上在于高等教育提供的社会服务、终端产品、超前思想成果能否带给人们更大的收获。

依据社会需求制定的高等教育评价标准，实质是社会本位价值观的体现，其功利意识、非常明显，它强调的是社会导向、市场导向，重视的是外部社会需要在教育系统中的实现程度，并以社会需要的满足、培养社会所需要的人为根本评价准则，但由于社会需要本身未必都合乎理性，而高等教育活动又有其特有的运行规律与运作机制，一旦出现过分追求某一领域外适质量如政治价值或经济价值时，则极易导致学生的发展与学术规范于不顾，以"政治化"或"经济化"本身来"裁剪"教育规律，严重时甚至会冲击正常的教育活动，最终势必连高等教育外适质量本身的目标也达不到。

（四）以职业能力作为评价标准

高等教育大众化时代，高等教育评价标准的价值取向发生了变化，职业需要的社会定位使得高等教育打上了浓厚的时代烙印，职业性成为高等教育不可回避的价值选择，个人对高等教育职业能力形成的需求战胜了国家对精英人才培养的传统。多样化的质量观促成了精英标准的改良，使职业性、实用性人才更有用武之地。当然学术性和职业性并不是非此即彼的，只是不同时期高等教育质量标准价值取向各有偏重，如蔡元培先生曾提出，学必借术以应用，术必以学为基础，两者并进始可。在大众化高等教育阶段更强调的是社会经济发展的适应性和职业性。在现代社会，高等教育既要满足"尖子生"对学术的追求，也要满足大众对高等教育的需求。

（五）以人才培养质量作为评价标准

人才的综合素质是高等学校教育质量的根本维度。人才培养的质量标准是：人口处的优质生源——头脑质量（高智、学优、创造力等）、品格质量（责任感、价值观、判断力等）、对学校生活做出贡献的能力、未来在本职专业和社区起领导作用的能力；出口处的一流培养目标的实现——毕业生具有思维、谈吐、写作的能力，具有批判的、系统的推理能力，具有敢于创新、独立工作的能力，具有与他人合作的能力，具有评判能力，具有辨别能力，熟悉不同的思维方式（定量、历史、科学、道德等），具有某一领域的知识深度，具有观察不同学科、文化、理念相关之处的能力，具有一生求学不止的能力。

三、高等教育评价标准存在的问题

受实体本体论和主客二分认识论的影响，目前关于高等教育评价标准的研究多用预成性的思维方式，用物化的评价指标，用严谨的公式化表述来衡量高等教育的价值，很少考虑评价标准的价值合理性。这自然暗含着预定指标是绝对无误的，一旦被确定，就构成了一种在教育与评价过程中起决定作用的计划。高等教育的功效在于向既定指标运动，最终完全切合指标的要求，导致难以追随社会需要的变化，实现自身的超越，其直接导致的弊端是：

第一，行为目标的固定化。由于过分注重对指标的定量分析，为了追求数量化信息，教育活动被指标所束缚，无法施展个性，僵化了生动复杂的教育教学过程，忽视了教育教学内容的多样性及方法的艺术性，价值标准固定化和行为化。

第二，评价内容的片面性。教育评价是否科学，并不在于所提供的是定性信息还是定量信息，而在于信息是否准确地反映了事物的本质特征。用预成性的思维方式，只能对尚未达到基本标准的教育活动起导向、激励和评鉴作用，而对那些基本达到评价方案所规定的价值标准的评价对象，则很难反映其真正的全面价值和特色。

第三，评价方案的程序化。评价的对象是多种多样的，因而高等教育评价也是一项个性化很强的实践活动。高等教育评价在实际评价过程中，往往把一种模式简单地照搬到教育的各个领域的各种对象上，不管它们是否具有统一的价值标准，也不管是否达到基本要求，一律按一种思路研制评价方案，这样就造成了评价目的模糊、评价思路僵化、评价结果不敏感等弊端，难以反映评价对象的个性。

第四，评价对象的被动性。教育是一种复杂的社会现象，任何教育活动都无法用固定的模式去评价与控制。然而，预成性的思维方式强调精确，要求评价者与被评者保持一定的距离，体现了上级对下级的检查与督导，评价者很难真正站在被评者的立场上，深入到被评者之中搜集大量的第一手感性资料。也正因为如此，这种高等教育评价很难得到评价对象的真正拥护与参与。

四、高等教育评价标准的价值准则：大学主动发展

高等教育是一种价值性的存在。高等教育以探究高深学问为己任，以高深专门知识的教与学为逻辑起点。虽然从事高等教育的机构类型众多，但在任何国家中大学都是高等教育最核心的实体。以大学为典型代表的高等教育机构，作为一种学术机构，具有追求高深学问的职能，其日常活动的目标以及基本方式都是围绕着学术性这个中心进行的。

学术是以大学为代表的高等教育的边界和起点，学术是大学的本质，学术活动的基本特点与要求规定着大学的行为原则。这些行为和原则就是高等教育的根据与发展的规律。学术作为一种活动，是以其探究性、自由性、自主性以及学科性作为基本特点的。大学自身的治理、活动特点以及发展规律，从根本上都是由学术活动的这些特点决定的。

大学是一个以知识分子为主体，为达到学术创新的目的，进行复杂的学问探究和科学实验等活动的学术生态系统。大学学术生态系统，由学术—人—环境构成，是一个与外界不断进行能量、物质和信息交换的自组织耗散结构系统。换言之，大学学术生态是一个以知识分子为主体，为达到学术创新的目的，进行复杂的学问探究和科学实验等活动的生态系统。正如阿什比所言"大学是遗传与环境的产物"，大学相当于一个生物组织体，大学像大自然的生物一样是多种多样的，是有各种类型和层次之分的。大学是一个层次、类型纵横交错且错落有致的生态系统。现代大学是一个由多种要素构成的，具有整体功能的生

态系统，按照系统性、动态性、差异性原则，每个大学都处在一个动态平衡点。

从自组织（self-organization）的角度看，高等教育评价涉及的评价对象大多数具有组织性，在某种意义上，甚至可以认为高等教育评价的对象是一种学术自组织。大学发展评价的初衷是要在大学内部形成自我评价的机制，以准确掌握大学当前或未来的优势、不足和资源获取状况，为大学的可持续发展提供有价值的信息。评价的依据由大学自身的发展状态和水平所规定，而非外部赋予的统一标准，主要是一种个体的内差异评价。这种依据相对评价提出的"改进目标"，主要基于大学自身发展所处阶段和客观水平，是处于大学"最近发展区"的目标，也是大学"可接受的发展目标"。

高等教育评价的目的在于"促进大学自主发展"，高等教育评价是实现高等教育价值增值的重要途径。我们应突破二元对立的价值体系，包容多元及更多的可能性途径去反思大学发展，以及对大学发展做出价值判断。立足于大学发展的主动性，推崇个别性或差异性是大学发展评价的哲学基础和价值基础。大学发展评估的形式以个别化为主，因"校"制宜，注重大学自身发展的纵向比较，而不只是侧重在对大学相互间的横向群体做比较。

五、高等教育研究的复杂系统思维

从 20 世纪 40 年代至今，系统科学经历了三个发展阶段：40—60 年代系统论、信息论和控制论奠定系统科学研究的基础；60—80 年代，以耗散结构理论、协同论、超循环和突变论为代表的自组织理论的兴起；80—90 年代，分形、混沌等理论迅速发展起来。复杂系统思维是 20 世纪 90 年代人类认识事物的一种新的思维方式或者说是一种新的方法论，是以复杂科学形成发展中逐渐成熟的非线性思维、整体思维、关系思维、过程思维来考察事物及其运动变化的方式方法体系。在教育实践中，它把教育看作一个复杂的、人为的系统，强调教育系统的主体性、自我组织性，关注目标的生成性，关注过程中偶然的、无序的矛盾等因素的影响，为研究教育的复杂事件提供了分析的框架与视角。

（一）教育研究的复杂性

物理的、社会的、精神的实在都是非线性的、复杂的，但几个世纪以来一直占据着主导地位的经典科学所遵循的却是"简化范式"原则，它消灭了复杂性，寻求的是一种简单化、精致化的普遍性。经典科学基于两个前提：一是牛顿模式，它追求永恒的确实性；二是笛卡儿的二元论，假定自然与人类、物理世界与精神世界之间存在着根本的差异。正是这两个前提造成了教育研究一方面追求科学性，把教育学变成实证——实验的精密科学，寻求普遍主义的规律；另一方面又把科学研究与人文研究对立起来，强调教育的特殊性、历史性、人文性，强调只有解释学的理解方法，才是研究教育唯一恰当的方法。这就出现了实证主义范式和解释学的理解范式此消彼长的争论。这种二元对立的研究方式在当今受到了复杂性研究的挑战。

法国当代著名哲学家埃德加，莫兰是反思两大范式为何持久对立的主要哲学家之一，他首次提出了复杂性的概念，认为物理的、社会的、精神的客观存在都是复杂的、非线性的、多元的，不是简单的、线性的、二元的。针对经典科学以"有序""分割"和"理性"为原则来研究客观实在所存在的片面性，莫兰指出，"我们的知识是在学科之间被分离，肢解和箱格化的，而现实或问题愈益变成多学科性的，横向延伸的，多维度的，跨国界的，总体性的和全球化的"。莫兰的复杂科学以及他提出的复杂范式，是对简化范式的彻底颠覆，它使我们改变了单一的、静态的、二元的、线性的思维方法，而走向非线性的、联系的、多元的、整合的思维。

教育存在于人类活动的一切时间和空间，且各层次之间相互交叉、相互渗透，浑然一体，形成了复杂的统一体，而这复杂的统一体是包含多样性和差异性的，并不消灭交织起来的各种成分的多样性和差异性，是一个"既一又二"的存在，所以，它既需要科学的方式研究整体事物的规律性和确定性，又需要人文的方式研究事物之中的个别性和差异性。教育研究方法论必须放弃科学主义和人文主义的二元对立，树立多元整合的研究观。叶澜教授在其专著《教育研究方法论初探》中明确提出，鉴于教育问题的复杂性，应有教育研究特有的方法体系特征"哲学、科学与艺术方法的具体综合"。扈中平教授提出了"科学人文主义的方法论"。他认为，"既然教育活动具有科学性，又具有人文性，那么教育研究就必须同时运用科学的方式和人文的方式，坚持科学人文主义的方法论思想"。

（二）高等教育的复杂系统思维

系统理论认为，任何事物（包括人）自身都是一个系统，同时，又是一个更大系统的组成部分，其内部还有各种小系统，这些大小系统之间相互依赖和互动，实现物质和能量的交流，达成自身的发展。组织理论学家理查德，达夫特认为，作为开放系统的组织，"必须与环境相互作用，才能生存。……它不能将自己同外界隔绝开来，而必须不断地变革和适应环境"。用系统论的方法来考察事物，包含着两个层面："一是内向描述，确定对象系统的组成要素及结构方式，并划分出不同的层次；二是外向描述，把研究对象作为更大系统的组成部分，考察对象与环境中其他系统的关系，准确地确定它在环境大系统中的位置。我们可以在方法上暂时地使对象脱离它的环境，但是同样重要的是还应该在方法上把对象特别是生命存在看成是只能联系环境来认识的开放系统，亦即看到它们和环境的相互作用；这些相互作用构成它们的组成部分，同时它们本身又构成环境的组成部分。

高等教育活动是一种复杂的社会活动，从其外部关系来说，它与社会的政治、经济、文化、科学等诸多领域有着密切的关系；从其内部结构来说，高等教育的决策与管理，大学的办学与教育，课程的设置与专业的布局，教师的教学与科研，学生的学习与生活，等等，无不囊括其中。所有这些，都决定了高等教育学必是一个有内在共性的、系统的、复杂的学科，有着特殊的研究对象和基本规律。

构建系统的高等教育学，需要运用系统论的方法来研究高等教育现象，将高等教育活动看作一个整体的系统。美国高等教育学家伯顿，克拉克在《高等教育新论——多学科的研究》一书中明确提出了"组织的观点"，即"从内部对高等教育系统进行分析的观点"，"它要求分析者从主角的角度去观察情况，从内向外弄清高等教育系统与外部环境的种种关系"。"当我们内部去研究行动和政策的形成时，我们就不能冒昧地说是'社会'或'社会力量'决定高等教育。"高等教育的发展一方面受外部环境的制约，另一方面又具有自身所特有的运动和发展逻辑，高等教育系统内部诸要素及其结构的特殊性，不仅仅是外部力量决定的结果。

当今，高等教育已从社会的边缘走向中心，高等教育机构日益成为结构复杂、职能多样的社会"轴心机构"，高等教育系统获取要素的能力也在不断提高，系统内的结构与功能不断分化和优化，系统自身更加强大、更能适应环境，系统的生存与发展能力已经发生了革命性的变化。对于每一所大学而言，虽然他们都面临同样的时代背景，但每一所大学面临的具体环境是不同的，他们各自的优势和劣势也是不同的。高等教育系统若采取自上而下的统一变革，就很可能抹杀每一所大学的个性，使得大学不能有效地应对环境的变化，因此必须要用新的与高等教育系统相适应的复杂系统思维来理解高等教育。

六、复杂系统思维之于高等教育评价的方法论意义

任何一门学科，都是一个知识和方法的理论体系。作为知识体系，表现为一个由基本的范畴、命题等组成的逻辑系统；作为一个方法体系，则隐含在知识体系的形态构成中，体现在同一学科的不同流派的理论差异中。知识体系的构成，依赖于一定的方法；而某些方法，却可以运用于不同的学科之中。当一种方法日臻完善时，它就可以独立地成为一种研究的视角，称之为"方法论视角"。

经典科学范式的典型符征是强调世界的线性确定性和因果决定论，认为世界在本质上是简单的，复杂只是世界的表面现象，主张通过简化、还原等简单性原则和方法来认识世界的本质，将自然还原为简单的数学关系，探求数量间线性的决定性因果关系。复杂性科学则是将复杂的自然界本身看作是复杂的现象，依靠整体的、非还原的、非决定的、不可逆的观念来研究复杂的现象本身，反对经典科学化繁为简的线性思维方式，强调非线性、混沌；无序性与自组织以及元观点。复杂系统思维对高等教育评价的方法论意义主要表现为以下两点：

其一，高等教育系统作为一个复杂的自组织系统，在面临教育过程中的突发事件、偶然事件时，系统能自动的与外界环境进行恰当的信息交流与调节，并最终达到系统的有序状态。高等教育系统的这种自组织特性使得教育实践活动有其自身的逻辑，这就要求我们在高等教育评价研究过程中转变以往简单性教育研究范式指导下对教育过程进行简化、还原、严格控制各种变量的简单性研究思路，而重视对具有无序性特征的教育实践过程中的偶发事件或个案的研究，使高等教育实践活动能随时保持恰当的有序性，显示其自组织

能力。

其二，任何系统作为一个特定形式系统，其本身的问题不能完全在系统自身内部得到解决。要想解决系统中的问题，就必须到元系统中去寻找答案。我们把只囿于一个形式系统，只根据既有的理论前提进行推导，只在系统视野内进行的研究称为操作性研究；而把将操作性研究作为研究对象，力图发现其缺陷与不足，建立一个包纳更广的理论体系（即元系统）的研究称为反思性研究。复杂性理论要求我们在高等教育评价中转变以往简单的操作性研究方式，确立随时对元系统开放的观念，在系统和元系统的双重视野中观察思考，并不断运用反思性研究探寻教育系统问题的解决办法。唯此，高等教育评价研究才能在不断的自我反思和改组更新中保持生命活力，从而才可能不断地取得新的突破。

七、高等教育评价标准的价值解析

高等教育评价是以高等学校的教育活动为对象的价值认识活动，是评价主体依据一定的价值准则来评判被评价对象的观念活动。高等教育评价标准作为应用于评价对象的价值尺度，集中体现了评价认识所遵循的价值准则，具有存在的意义和认识论的意义，具有行为规范的工具价值和大学主动发展的理性价值，其中大学主动发展是高等教育评价标准的核心价值。

所谓行为规范的工具价值，是指评价高等学校教育活动价值大小的统一尺度，主要表现为政策、规定、计划、指标、条例、规程等社会法规以及实行这些章法的相应方法和程序，带有外在性、统一性和指令性的特点，规范、制约着人们的社会行为。人们依据这一标准实现价值取向上的一致认同，使教育评价工作有章可循。

所谓大学主动发展的理性价值，是指高等学校的教育活动是充满价值意义的社会活动，高等教育评价是对高等教育活动的价值认识，是建构价值世界的观念活动。高等教育评价标准体现着高等学校教育活动所遵循的价值准则，具有引导高等学校主动发展的理性价值。

第五章　世界主要国家高等教育评价标准

在西方发达国家，高等教育评价被成功地看成是大学主动适应社会发展需要的一面镜子。由于各国发展高等教育的理念和路径不同，环境与条件各异，其高等教育评价也显示出不同的特色，主要形成了美国的院校认证、英国的学术评估和日本的大学评价三种模式。虽然各国高等教育评价的机制不同、标准不一、方式各异，但都充分尊重高校的个性化选择和定位，赋予高校以质量保障的主要权责，发挥了高校在提高教学质量上的主动性和创新性，逐渐成为推动大学实施教育改革的一种有效手段。

第一节　英国高等教育评估标准

英国是一个非常重视学位文凭和教育质量的国家，高等教育历史悠久。大学以其自主性强、对自身教育质量极为自信著称于世。传统上学校可以按照自己的办学思想，以自己的标准选择教师，录取学生，设置课程，授予学位。1987年英国政府发表白皮书《高等教育：迎接挑战》，强调高等教育对经济社会发展所具有的决定性意义。1991年《高等教育：一种新的结构》的公布，将英国高等教育质量保证系统予以划分，改变了过去主要由高等学校自身保证教育质量的模式，增强了政府和社会的参与。1992年又颁布《继续和高等教育法》对英国高等教育改革的新成果予以法律保障，这些改革，给英国高等教育结构、功能和规模带来了较大变化，使得英国学术评估呈现出大学自治理念与市场经济有机结合的特征。

一、英国学术评估的规范发展

现代意义的英国学术评估是以质量观为核心的评估，其价值取向是在一定高等教育质量观的指导下，根据一套质量标准和运行机制，通过高校内外部机构对高等教育的相关因素进行控制、审核和评估，以保证和提高高等教育教学质量。英国的学术评估经历了从单一走向多元，又从多元走向逐步的统一，呈现出从质量保证到质量提高的规范性发展历程，为英国高等教育的改革与发展提供了保证。

（一）大学自我管理

英国的大学在传统上是实行自我管理的自治性机构，自己对教育质量负责，不受外来的干预。为此，各校均设有内部质量保证机制，对本校所开设的专业进行经常性的监控（regular monitoring）和周期性的评审（periodic review）。高等学校内部的质量评估主要有两种类型：一是课程评估，二是学校评估。高等学校通过规定课程设置、课程审批、课程监控和评估等程序确保专业教学在质量和标准方面责任的落实；学校评估通常每五年举行一次，各高等学校都聘请其他高校或来自相关专业领域的校外督察员（external examiner）对特定课程的实施情况给出公正意见。

1919 年，英国成立了大学拨款委员会（UGC），它主要负责向政府提出大学所需经费的建议，把政府划拨的经费切块分给大学。英国政府则通过 UGC 向大学提供经费，但不具体介入大学的事务，大学教育质量问题仍然主要由大学自己负责。

（二）全国学位授予委员会的出现

20 世纪 60 年代，英国的中等教育已经普及，教育民主化运动兴起，进入了高等教育的大众化阶段，教育学院和多科技术学院成为高等教育的组成部分。为了对日益增多的高校进行质量监控以确保其文凭学位的合理颁发，1964 年，英国成立了第一个高等教育质量保证组织——全国学位授予委员会（CNAA），负责多科技术学院和其他学院的质量控制与评估。

对大学以外的高等教育部门进行质量监控，打破了高等教育评估被认为是高校内部事务的传统观念，出现了两种高等教育评估体制：大学部门（University sector），具有学位授予权，采取的是一种自治的模式，经费由政府通过 UGC 拨给，自己负责制定学术标准和保障教育质量，并依靠校外考试员系统来保证学位质量的一致性；大学以外高等教育机构被称为"公共部门"（Public sector），以多科技术学院为主，由地方教育当局负责管理和提供经费，由全国学位授予委员会授予学位，以保证其学位和大学学位的可比性。

（三）学科评估与学术审查的并行

20 世纪 80 年代初，面对学生数量增加而政府经费投入相对减少的情形，大学提出增加经费投入以保障教育质量的要求。大学的呼吁不仅没有使政府增加投入，反而增加了政府对大学是否能够提供好的教育质量的怀疑。政府试图通过科层机制的方法，强化外部对高校的绩效评估，提高高等学校的办学效率。

1988 年英国通过《教育改革法》，取消了大学拨款委员会（UGC），成立了与政府关系密切的大学基金委员会（UFC）、多科技术学院和其他基金委员会（PCFC），由他们分别对大学和公共高等教育体系进行拨款和质量评估，使质量评估与拨款挂钩。1992 年，英国议会通过了《继续和高等教育法案》，废除高等教育"双轨制"，将多科技术学院升格为大学，成立高等教育基金委员会（HEFC）以取代大学基金委员会、多科技术学院和其他基金委员会，要求高等教育基金委员会（HEFC）对高等教育的质量进行评估。

与之相对应，1992 年，大学校长委员会建立高等教育质量委员会（HEQC），聘请资深学术人员对院校学术标准和质量管理进行同行评估，该项评估主要是为了确定各校是否有能力管理和监控自身的学术标准和质量，并将其结果公开发布。

至此，形成了两套不同的高等教育质量外部评估系统，高等教育基金委员会在学科层面上进行学科评估（subject review），监控教学质量；高等教育质量委员会在院校层面上进行学术质量审查（academic quality audit）。

（四）高等教育质量保障署（QAA）的产生

由于 HEQC 和 HEFC 的质量评估有很多重复之处，并且标准不一，弊端很多，于是，1996 年 12 月成立了高等教育质量合作规划小组来履行 HEQC 和 HEFC 对高等教育的质量保证职能。1997 年 3 月，在该小组的基础上正式组建了全国高教质量保证代理机构——高等教育质量保障署（QAA），全面负责英国高等教育的质量保证事宜。

高等教育质量保障署（QAA）是一个独立的高教评估机构，其使命是维护公众利益，促进高等教育的质量管理，其核心工作是负责评估英国高教的学术标准和质量，提供全国统一的参照点。2003 年之前，QAA 继续延续旧法，完成高等教育质量委员会在院校层面上的学术质量审查（academic quality audit）和高等教育基金委员会进行的学科层面评估（subject review）工作，两者的评估独立进行。

由于分别在学科和院校层面对高等院校的质量进行评估和审核，评估工作耗资巨大，也使高校浪费巨大的人力、物力、财力，这为高等院校带来了不必要的负担；另外，评估过程中对于精英学校较为偏袒，没有对学校发展起到很好的促进作用，评估方法与结果可信度令人怀疑等。就学科评估而言，2000—2001 年的评估中，所有被评估单位有 18.5% 获得 24 分，其中古老大学占了 36.4%，还有 30% 参评的古老大学获得 23 分。2003 年发布的报告中，所做的 3311 个评估中只有 35 个是不合格的。

（五）院校审核制度的实施

面对外界的批评之声，高等教育质量保障署也越来越意识到自己的任务不是直接改善或促进教学，应赋予院校更大的质量自主权——根据自身的实际情况来设立质量目标，加强对院校内部质量保障体系的评估，质量保证体系的重点应从原先的鉴定质量转变为提高质量，从对高校及其学科的质量评估转变为质量分析、提出提高质量的建议。

2002 年 3 月，高等教育质量保障署提出从 2003 年起，院校审核（institutional audit）将代替此前的学科评估和院校评估。所有英格兰大学在 2003—2005 年进行首轮院校审核（从 2006 年起审核的周期将改为六年一次）。

院校审核的重点不是直接评估高等学校的教育质量，而是监督和评估高等学校内部质量保障机制标准以及它们建立和运行的程序，既有院校层面的内部质量保障制度审查，也包括更为详细的科系层面的调查，主要有三个方面：①按照 QAA 的高等教育学术质量和标准，审核院校内部质量保证体系和机制的有效性，院校课程质量评价、奖励标准及经评价后的改进措施；②根据英格兰高等教育基金理事会（HEFCE）规定的信息要求，审核院校公开的有关课程质量和学术标准信息的准确性、完整性和可靠性；③审核院校层面和学科层面的内部质量保证运作程序的实际情况，以证明关于院校内部质量保证程序的信息是否有效、可靠。

为了帮助确定准确，准确和期望的教学标准，并为评估活动制度管理依据，QAA 制定并印发了一套学术基本规范（academic infrastructure），主要包括四个部分：①工作准则；②高等教育资格框架；③学科基准陈述；④课程说明。学术基本规范不是评判标准的硬性规定，而是试图建立一种统一的学术标准和质量要求。QAA 并不用这个标准和尺度去具体测量，而是监督和审查高等学校实现这个标准和尺度的机制与办法，较好地解决了传统意义上的自主评估缺乏基准的问题。

二、英国学术评估标准的价值演变

英国向来重视高等教育的质量控制与质量评估，其学术评估发展经历了一个从文化机制走向科层机制，又从科层机制走向文化机制的漫长而曲折的过程，评估标准呈现从追求精英学术质量到审核院校内部质量保障机制有效性的价值转向。

（一）基于精英教育质量的评价标准

英国崇尚"学术金"本位，精英情结使得学术机构保留着建立统一学术标准的偏好。牛津、剑桥大学作为精英文化传统的代表，其教学质量长期维持在一个相当高的水准上，并成为其他大学的学术标准和典范。

第二次世界大战后，英国通过建立高等教育双熟制来发展高等技术教育，其初衷是在不降低公共高等教育系统（高等技术教育系统）学术质量的情况下，使两者达到大体均衡的质量标准。大学的质量由大学自己负责，非大学的质量则由国家学位授予委员负责。国家学位授予委员的运行机制完全以大学的质量标准为模板，"自治"的大学和"公共控制"的非大学接受的质量标准只是形式上的不同，从某种程度上说多科技术学院和其他学院受到的监督和审核甚至要比大学还要严格。"英国把精英标准扩大到多科技术学院和教育学院这些非精英高等教育部门，从而导致大学和非大学两类高等教育部门空前的一致性。"

总之，双轨制建立之前，英国高等教育界奉行严格统一的精英质量标准，双轨制建立之后，虽然"自治"的大学和"公共控制"的非大学分立，但学术质量标准却没有因此被分化。统一的学术质量标准使评估结果具有可比性，因此有助于更清晰地了解不同院校的教育质量。

（二）基于办学效率的评价标准

20 世纪 80 年代，效率理念开始盛行，它强调政府不再是高等教育经费的纯粹投入者，而是高等教育服务的购买者，高等教育应该为更有效地改善国民经济做出贡献。

1992 年，英国彻底废除高等教育"双轨制"，成立高等教育基金委员会（HEFCE），取代大学基金委员会、多科技术学院与其他学院基金委员会，统管英国所有高校的质量和经费事宜。英格兰高等教育基金委员会（HEFCE）设立教学质量保障委员会（Quality Assessment Committee，QAC），开展教学质量评估，其主要任务包括以下几个方面：收集一套绩效指标，然后加以分析；要求被评估的院校提供相关学科的教育质量自评报告；评估组对被评估的院校进行实地考察，评估其教育质量。1995 年 4 月以后，称为学科评估（subject review），即是在学科层次进行的教学质量评估，旨在保证对公共资金的责任，在投资和提高质量之间建立联系。

学科评估主要考核被评估学科的教学质量和学生的学习状况，重点是评估学生的学习状况和学习成绩，主要包括 6 个方面的指标：课程设计、内容与组织；教学、学习与评估；学生进步与成就；学生支持与指导；学习资源；质量保证与提高（1998 年前，1998 年后为"质量管理与加强"）。1996 年以前采用三级评分体系：优秀、满意、不满意。1996 年后，采取对六个不同方面进行打分的办法，每个方面从 1 分（不满意）到 4 分（优秀）不等，参加评估的学科的最高分是 24 分。这些评估结果将会作为教学拨款的依据，高等教育基金委员会将根据此结果对不同的高等院校实施有差异的教学拨款。

（三）基于学术管理的评价标准

为了回应外部日益增加的要求大学负起社会责任以及对其质量进行监督的呼声，大学校长委员会（CVCP）于 1983 年成立了一个学术标准小组（Academic Standards Group），该小组于 1986 年公布其调查报告。报告涉及议题相当广泛，对大学各个方面内容进行了审核，并且对大学维持与控制学术标准提出了一些建议。1990 年，大学校长委员会撤消学术标准小组，设立新的质量审核机构：学术审核小组（Academic Audit Unit），对大学的质量控制系统进行审查。1992 年 5 月，大学校长委员会建立了高等教育质量委员会（HEQC），取代学术审核小组（AAU），聘请资深学术人员对院校学术标准和质量管理进行同行评估，旨在确定各校是否有能力管理和监控自身的学术标准和质量。

在质量审查的发展历程中，审查的范围和侧重点也在不断地发生变化。从 1992 年仅对高等院校的内部质量保障系统进行审查，扩展到对高等院校之间合作办学的质量保障制度以及高等院校的海外合作办学的质量保障制度进行审查；自 1994 年之后，在来自政府和其他力量的压力下，高等教育质量委员会将审查的侧重点转移到了质量标准的可比较性上。

1997 年高等教育质量保障署 QAA 成立，通过审查高等学校管理其整体教育服务的质量和标准的方式及评估每一学科领域内的教与学的质量来实现。QAA 于 1998—2002 年进行了第二轮质量审查，名为延续审查。延续审查不审查各学科教学的具体过程，而是对所有高等教育机构进行质询，着重考查每个院校学位授予的管理，确定各校是否有足够而有效的学术标准和质量管理程序。包括院校对学术质量和标准的整体管理，院校学术质量管理程序，对学位授予功能的保证，课程批准有关事宜，学生学习成果评估，校际合作管理等。它是一个同行评估，评估人员大多来自各个高校评估人员通过对院校自我分析报告的审查和实地考察写出评估报告并公开发布。根据具体情况，评价小组最后给出"需要改进""有待改进""满意"三种判断。

（四）基于院校主动发展的评价标准

从 2003 年起，英国逐步引入新的质量保证体系——"院校审核"（institutional audit）。与过去的质量评估方法相比，院校审核在理念上一个显著的特点就是，它认为高等教育质量保证是院校自己的责任，院校审核的重点不应该是直接评估高等教育的质量，而是审核各高等院校的课程和学位标准授予的质量，确保大学提供的高等教育具有合格的质量和适当的学术标准，并正确授予学位。

审核小组特别关注以下内容：①内部质量保证评价及其结果，特别是学科和课程层面的评价；②外部制定的参照点（包括行为守则、高等教育资格框架和学科基准陈述）的使用；③有关课程质量和学术标准的公开信息；④信息管理的内部制度及其对质量和标准的有效监督的贡献；⑤课程规范的制定、使用和公布；⑥预期的学术标准和学生实际达到的学术标准；⑦学生的经历；⑧教育工作者的质量保证，包括指定的标准和教学效果的评价、改进及奖励的方法。

QAA 于 2006 年出版并于 2009 年 9 月修订了新的英格兰和北爱尔兰《院校审核手册》，审核报告的内容主要包括背景介绍、院校的学术标准管理、院校的学习机会管理、院校质量提高的措施、合作条款、研究生管理、出版信息、建议和良好的办学实践八个部分。审核组判断的评语分为"广泛信心"（broad confidence）、"有限信心"（limited confidence）和"没有信心"（no confidence）。

与传统的自主评估不同的是，各院系在确定课程目的、目标时需参照全国统一的学术基本规范。在高校自评基础上，审核组不对院校学术标准及学生学习机会质量等具体内容做出评价，而是对照学术基本规范，对院校质量管理与学术标准的可靠性，课程项目质量与学术标准信息发布的准确性、诚实性、完整性及透明性进行审查和判断。

如果说之前的教学评估是以高等院校计划达到的目标来衡量，是"自己和自己比"，而新的学术评估方法，则试图为学校建立一种统一的学术标准和质量要求，质量保障署并不用这个标准和尺度去具体测量，而是监督和评估高等学校实现这个标准和尺度的机制和办法，致力于学术标准和尺度的建立、保持和提高。在新院校审核中，"质量提高"被定义为"在院校层次上为改善学习机会质量而采取的有目的的措施"，同时重点放在院校如何在兼顾质量保证的情况下抓住发展机遇，即"采取有目的的措施"。

第二节　美国高等教育评价标准

美国高等教育深受实用主义教育价值观的影响，把不断满足广泛的、多样性的社会需求，以及对之做出迅速反应和最好的适应作为高等教育追求的目标，并形成了其多样性的特征，再加上美国教育的分权领导体制与市场调控的主导作用，使得美国高等教育评价独具特点，其中院校认证便是一个十分独特的制度安排。美国院校认证旨在确认院校质量达到所规定的基本要求并帮助其不断改进和提高，其评估标准根据时代需求不断变化，强调保持学校的特色。

一、美国院校认证的规范发展

美国院校认证始于 150 年前，是一种以院校自我评价和同行评价为基础，以满足公众问责和提高高等教育质量为目的的管理制度，经历了从"对处于最低质量边缘的院校具有压力"到"加强认证壮大高等教育事业"的规范发展过程。

（一）办学许可制度

美国的高校自诞生起就拥有充分的独立性和办学自主权，只要能够满足当地政府（主要是州政府）办学要求的最低条件，即可获得办学许可证，开始招生办学。从 1636 年美国建立第一所大学——哈佛学院（Harvard College），到 1870 年美国各地相继建立了 369 所大学。美国的大学或学院既没有可以依照的办学标准，也没有合理的大学分类方法，学校处于自由发展的阶段，因此，在一定意义上，高校是教育质量监控的主体。

1869 年，美国联邦教育部成立，开始要求高校填报较为简单的统计报表。1870 年成立了全国教育协会高等教育分会，虽然没有正式提出高等教育认证的问题，但是明确提出，高校在学期校历计划、入学和毕业要求、专业就读学生数等方面应该有统一的标准。

（二）认证机构的产生

美国院校认证制度真正得到发展是在 19 世纪末。南北战争时期美国通过了《莫里尔法案》（Art），规定联邦政府拨款辅助各州兴办农业和工业学院，于是全国各地风起云涌地开办农业和工业学院，一时间高等学校的数量大幅度增加，各个大学在入学要求、修业年限以及获取毕业证的条件等方面存在着巨大的差异。有的虽自称大学，但却师资匮乏、资金短缺，甚至不具备必要的场地和一般的设施。这引发了公众对教育质量是否能得到有效保障的质疑。人们普遍希望能给正开办的学院进行界定，确定其内涵，进而确立统一的标准来鉴定各校的教育质量，使其达到基本办学要求。

1885 年美国建立了第一个地区性院校认证组织——新英格兰学院与中学协会作为中等教育机构和高等教育机构的磋商协议机构，但直到 1954 年，它才宣布正式进行认证。第一个进行院校认证的地方性组织是成立于 1895 年的中北部学院和中学协会（North Central Association of Colleges and Schools，简称"中北部协会"）。1909 年，中北部协会采用首个学院标准，1913 年推出第一份通过认证院校名单，首开院校认证之先河。1885—1924 年间，新英格兰、中部等 6 个地区的院校相继建立协会，以协调中学与大学的关系，特别用于制定大学入学标准，逐步在本地区开展高等教育的认证工作。这一时期，美国高等教育认证机构在质和量上都取得了相当大的成就。

（三）认证机构的全国性认可

20 世纪中期以前，各协会一般都倾向于独立运作，各机构的活动也不受什么监督，没有形成一个全国性的鉴定组织。由院校协会来监督高校办学质量水平的做法，不仅没有完全消除公众的质疑，反而增加了对院校协会与高校联合隐瞒办学质量的怀疑，甚至院校协会的公正性、公开性和权威性都面临挑战。

面对庞大数量的鉴定标准和机构，为了规范认证机构自身行为，有效地协调各认证机构之间的工作，1949 年，全美高等学校资格鉴定理事会成立。1964 年高等教育地区鉴定委员会联合会成立。1975 年 1 月，两者合并，成立了中学后教育鉴定委员会（COPA）。COPA 的主要功能为：制定一般的鉴定标准与准则，检查各成员组织制定的具体标准，监督各成员组织工作。COPA 按照标准对评估机构的资格进行评定，只有 COPA 认为合格的机构才可以开展评估工作，当评估机构间或评估机构与学校间出现矛盾或争执时，COPA 充当调解和仲裁者。

COPA 代行了政府的许多职能，协调各专业组织同联邦政府的联系。学校只有经过鉴定合格才能加入地区高等学校协会，学校经鉴定合格后，各院校之间学分相互承认，加强了竞争，促进学校提高教育质量，克服学校发展的无政府状态。COPA 的工作一直持续到1993 年。它的建立在一定程度上防止了各个认证机构各自为政的松散状态和负面影响，同时促使整个机构达到一个更高的认证水平。美国目前高等教育评价体系的完善与成熟及其对高校质量的保障与促进，与 COPA 近 20 年付出的辛勤劳动是分不开的。

（四）高等教育认证理事会（CHEA）的产生

随着美国高等教育由大众化阶段过渡到普及化阶段，教育质量下降问题已引起朝野上下的普遍关注。社会对高等教育质量不满，同行专家评审被贬为自我保护；公众抱怨认证只关注投入不关注产出；联邦政府不愿意认证机构任意发展，试图通过立法、拨款、行政等手段加强对认证机构的管理；高校既不愿屈从于政府的干涉，也不愿把自主权让给一个凌驾于其上的民间组织。在多重压力之下，1993 年，COPA 宣布解散。

在经历一个短暂的过渡期后，为了维护自治权和促进本行业发展，1995 年 7 月，由

24 所大学校长和一名理事组成了校长认证工作组。该工作组提出成立高等教育认证理事会（ Council for Higher Education Accreditation, CHEA ）的建议，并在高等教育界广泛征求意见。1996 年 3 月 29 日，工作组将关于成立新的高等教育认证理事会的建议，连同理事会的选票分送 2990 所院校的校长，其中 1603 所高等院校的负责人以 94% 的赞同票，同意成立新的全国质量认证协调机构 CHEA，并投票选出了理事会。

　　"高等教育认证理事会"负责协助各鉴定机构的工作，是一家以质量鉴定机构的资格认可为主要任务的民间机构，拥有 3200 所大学与学院的会员，是以高等学校为会员的组织中最大的一个。它是大学自己的组织，理事会由高等学校校长、学校代表以及公众代表等 15 人组成。"高等教育认证理事会"（CHEA）被期望在质量保证方面具有创见性的领导能力，并致力于维护高等教育的核心学术价值，其宗旨是通过加强鉴定，以强化高等教育，实现高等学校对教育质量的自我管理。它通过对正式的高等教育评估中介机构的资格认可来改善学术质量，通过协调和努力，倡导质量认可的自主性，从而最终服务于学生和家长、学院与大学、赞助机构、政府与雇主。

　　与联邦教育部主要通过其认可的机构来确保学生资助基金的有效使用不同，高等教育认证理事会则主要通过其认可的机构来确保高等院校在课程、项目、学位等方面的学术质量。CHEA 继承了美国高等教育认证的民间管理和自我管理的传统，成为美国高等教育认证的权威机构。它不仅起协调认证的作用，而且更为重要的是通过协调工作为高等学校利益和办学质量服务，使得高等教育认证逐步从"认证鉴定只对那些处于最低质量边缘的院校具有压力"过渡到"加强认证从而壮大高等教育事业"。

二、美国院校认证标准的价值演变——以中北部协会为例

　　自 1909 年美国中北部协会采用首个学院认证标准至今已有一个世纪。在这近百年的沧桑变迁中，高等院校认证标准经历了一个从强调对所有个体严格一致性要求到引导院校自我管理的逻辑演变过程。20 世纪 30 年代前，认证标准所对应的英文词是"standards"，30 年代中后期则主要使用"criteria"一词。这种变化绝不仅仅是语言词汇的变迁，它所指示的是认证标准基本理念的转变。最初，院校认证是一种"目标达成"评估，在其后的发展过程中，这种制度逐渐以内在标准取代外在标准。同判定合格与否相比更加注重大学内部改革，在评价标准、目的的设定中将着眼点放在大学的改革发展上。认证标准以院校自身目标为核心就意味着对院校自觉和个性的呼唤和张扬。

　　中北部协会在美国最早开始高等院校认证，认证制度的许多变革都是由它倡导并率先实行的。它的认证区域最广，覆盖面最大（包括 19 个州），其认证标准在美国的区域性认证组织中具有较大的影响力，这里将主要以中北部协会的高等院校认证标准为例，分析认证标准演变的逻辑。

（一）基于具体量化的认证标准

美国高等学校的认证标准具有一个量化的起点。认证标准量化的起点是由当时美国客观的历史现实和量化研究的思维方式所决定的。

19世纪后期，美国经济高速发展，工业化城市迅速崛起，国民财富急剧增多。1884年，美国工业产值超过农业产值，成为工业国。到1894年，美国工业总产值超过英国，跃居世界之冠。城市化步伐加快，1860—1910年，美国城市人口从621万增为4464万，由占全国总人口的198%上升到455%。美国公民财富总值也从1850年的70亿美元增加到1900年的880亿美元，而这一时期也正是美国史学界所谓的"社会进步运动"时期。进步运动是以中产阶级为主体、有社会各阶层参与的资产阶级改革运动，目的在于消除美国从自由资本主义过渡到垄断资本主义所引起的种种社会弊端，消除各种不公平、不合理现象，在各行各业建立基本的秩序和起码的标准。因而也有人将这一时代描述为"对秩序的寻求"或"标准的时代"，事实上，这是美国整个社会现代化的时代。

高等教育势必要顺应寻求秩序、追求标准的社会大潮流，建立自身的规范和标准。普林斯顿学校长在1907年中部地区学院与中学协会的一次大会上指出："我们处在重建时期的前夕，我们处在标准时期的前夕，我们处在整合时期，我们厌倦了分散零乱的状态和缺乏标准的分析，我们必须将各方面综合在一起，形成连续的、一致的行动方案。"可以说诞生于这样一个时代的认证制度是高等教育自身现代化的重要标志之一，也是整个社会现代化不可或缺的一部分。

认证组织最初制定的认证标准普遍具有简单量化、刻板划一的特点，认定标准倾向于做具体的条文规定，并要求报告定量数据。例如，图书馆馆藏、师资的数量与资历等。1912年，中北部协会早期公布的院校认证标准共有12条，其中7条是具体的量化要求，比如，大学招收的新生必须至少有14个中等学校学分；学生至少要完成120学时的学习方能毕业；大学若是法人团体，至少要有不断增长的捐赠基金200000美元；若是税收支持的院校，年投入不得少于100000美元；大学文科至少要有8个不同的系，每个系都至少要有一名全职教授；教师工作时间不应超过18小时/周，建议每周最多15个小时；讲述课和实验课的班级人数应控制在30人以内，而真正关涉学校质量的深层内容，如学生的学习效果、课程和教学、学校的内部管理等在标准中只是非常笼统地一带而过，并没有得到应有的重视。在1912年标准的最后一条规定："课程的性质、教学的效率、科学精神、学位标准、颁发荣誉学位的谨慎，学校的校风都是决定认证资格的因素。"这是12条标准中唯一涉及课程性质、教学效率等与教育质量密切相关的标准，但却没有做出任何实质性要求。

（二）基于院校目标的认证标准

随着高等教育的进一步发展以及对高等学校质量意识的深入，人们开始意识到仅仅依靠具体量化的表层要求并不能反映出学校的多样性以及不同的办学宗旨。20世纪30年代以后，认证标准开始了由量化向质性的转化，不再单纯以固定不变的特征为基准来评价学校，而同时考虑以学校本身的任务和教育目标为评价指标。

1933 年到 1940 年，在卡耐基基金委员会资助下，俄亥俄州立大学教授泰勒进行了为时 8 年的课程改革和评价研究，于 1942 年提出了"史密斯—泰勒报告"，正式提出了教育评价的"行为目标模式"，这对美国高等院校认证工作也提供了重要的理论依据。

1931 年，中北部协会的"高等教育机构委员会"（the Commission on Institutions of Higher Education）着手对认证标准进行改革，并于 1934 年形成了一份报告。该报告认为：认证标准不是固定不变的，而是变化发展的；认证标准应是一种导向而不是一种成果；中北部协会更多的应是一个创造者而不是一个判断者；中北部协会的标准应该是对政策的陈述而不是一个规划的框架；中北部协会的标准应让学校看到自身是否在提高，是否达到了适当的水准。这一报告对认证标准的影响极大，它开始扭转早期标准机械片面、过分量化的倾向，同时提出了要按照学校自身目标来评估学校。

1934 年报告以后，以院校自身目标为核心的认证标准逐渐成形。到 40 年代，认证标准中刻板统一的量化要求大大减少。比如，取消了对于院校班级人数的要求，关于院校招生标准只是规定"院校依照自身的目的以及申请入学者的能力、兴趣和入学前的准备情况招收学生"，取消了招生中所修中学学分的要求，院校财政方面不再有具体数额的规定，而只要求"院校证明其有足够的财政来源来维持其教育活动"。

1958 年，中北部协会的"高等教育机构委员会"出台了《高等教育机构评估指南》，该指南提出 7 个基本问题：院校的教育目标是否定义明确；是否具备完成院校目标的必要资源；院校是否组织良好，以实现其目标；课程和教学专业是否符合院校的目的；诸如师资等条件是否有助于提高道德水准；学生的校园生活是否平衡而富有教育意义；获得的成就水平是否与院校目标一致。这一指南被"高等教育机构委员会"副秘书长罗伯特萨利文认为是开启了认证"目标的时代"，标志着院校在认证活动中由客体转变主体，认证组织和院校之间由主体与客体的主动与被动关系转变为主体与主体的交流关系。

虽然以院校自身目标为核心的认证标准逐渐成形，认证标准中量化要求大大减少，院校自身的目标也被认为是认证的根本依据，然而由于评估者总是"将所认证院校的资料与一组规范的模式图（pattern map）来进行比较套用"，抹杀了各个院校的独特性，所以直到 20 世纪 50 年代中期，在实际的认证过程中，标准仍被具体量化，院校认证依然没有走出刻板划一的旧套。

（三）基于学习结果和办学绩效的认证标准

对学生学习结果的评估起源于美国 20 世纪五六十年代高等教育大发展的特定历史背景。20 世纪 50 年代开始的高等教育大发展对传统认证标准体系来说是一次巨大的挑战。这种扩展带来的是大量非传统教育机构的涌现。以什么样的标准评价和保证这些非传统教育机构所进行的教育活动的质量，成为各种认证机构争议颇多的一个问题。

20世纪70年代的美国高等教育问责运动对院校认证标准的转变产生了重要的影响。当时的政府和公众对认证制度是一片批评和指责，这些批评指责集中于一点就是：认证制度缺乏责任举措以及衡量院校质量的有效标准。

许多专家学者对认证标准进行认真研究探讨后认为，原有认证标准所强调的教育资源，如图书馆资源、教师数量与素质以及学校的经费等问题与教育质量的相关性并不像想象的那样高，这些资源的充足并不能完全保证教育质量，只能作为保证教育质量的一个必要的条件。由于以往单纯的以院校目标为核心，强调院校各种资源的认证标准无法衡量和保障各种非传统教育形式的基本质量，最终选择的解决办法是传统认证标准重心由院校转向学生，由以往对于院校各种资源、过程、手段的重视，转向对学生学习结果的强调。

对于学生学习结果的重视引发了认证领域的"评价运动"）。1979年，全国认证机构的协调组织"中等后教育认证委员会"（COPA）召开会议，主张院校评估的重点应是学生的学业成就而不是学校的声誉及资源成就，号召各认证机构要求其所认证的院校在学生学习结果评价及反馈上增加投入并持续向公众发布必要信息。

20世纪80年代，随着美国高校规模迅速扩大，学生群体结构多样化，高等教育经费供求矛盾日益突出，政府对高校的问责压力不断加大。各认证协会对教育产出的重视，更甚于教育投入。认定准则的重点明显转移，院校认证评判标准开始关注学生发展和学习结果的评估。各认证机构强调教育的成果，即毕业生（毕业生的成绩和成就）与院校的其他产出的情况。

20世纪90年代初，美国掀起了政府绩效评估运动，强调结果和顾客导向，实行目标管理，通过评估实现绩效与预算挂钩等。美国高校迫于政府经费缩减和高校之间竞争加剧的压力，在认证标准中加入了一些绩效指标。1989年10月和1993年8月，中北部协会两次强调对学生学业成绩的评价是评估院校整体效益的重要部分，希望所认证的院校都形成有效的学业成绩评价体系，作为认证的重中之重。2002年3月，从中北部协会独立出来的"高等教育委员会"（Higher Learning Commission）出版了第二版《认证手册》（1997年）的增补本，"该标准第三条重点强调院校要建立学生学业成绩评价体系，而且指出评价体系应记录学生主要技能的熟练程度，连续的通识教育完成情况，与所获学位的相应知识水平以及教师对学生评价以及学分的控制情况"。同时"高等教育委员会"还建立了"评价体系实施水平项目"（implementing assessment level program）来帮助院校逐步建立完善的学生学业成绩评价体系。

（四）基于大学主动发展的认证标准

20世纪90年代末，美国高等教育认证以自律作为目的的理念，把高校保持自身特色作为一个最重要的特点来强调，主张应充分考虑到不同层次学校的不同特点，鼓励学校自己制定办学宗旨和目标，自己提出应该如何实现并达到这些目标，以便通过认证帮助高校实现其自身提出的目标。这一时期的评价标准反映了学校的各个方面，最重要的是学校的培养目标是否科学合理，以及学校是否从各个方面保证培养目标的实现。

中北部协会从 1999 年探索如何使认证的指标与过程更好地体现出教学是学校各项工作的中心，并开始实施该认证委员会的第二种院校认证方法：学术质量改进项目（academic quality improvement program）。"学术质量改进项目"以检查和推动学校教学体制的存在、分工、效率等方面来促使学校达到其认证的目的，认为效率的组织具有目标性（focus）、参与性（involvement）、领导（leadership）、学习（learning）、人才（people）、合作性（collaboration）、适应性（agility）、远见性（foresight）、信息性（information）、完整性（integrity）等 10 个特点。这种认证方法包括九项指标：对作为高等教育最基本功能的教学过程评估；以教学为中心对高等院校其他功能评估；对教学对象各项需求评估；对学校内部人才发展培养体制的评估；对学校行政管理结构及程序的运作效率评估；对教学辅助机构及程序评估；对学校制定决策的效率评估；对学校制定其远景规划的程序和机制评估；对有助于学校达到其战略目标（学校定位）的各种关系评估。九项指标中每一项都强调两个问题：学校在达到其办学目标过程中是否在做正确的事，做事的过程是否完善。总而言之，这些指标始终强调学校的办学定位，强调学校办学定位与教学的一致性。

美国中北区域高等教育认证委员会的认证指标最近一次的改动是在 2003 年，并将其命名为"评价和提高质量计划"（Program to Evaluate and Advance Quality，PEAQ）。2004 年秋起，中北部协会的院校可以选择参加新认证标准。2005 年 1 月 1 日起，新认证标准正式施行。修改后的认证指标共有五项总指标，每项指标由标准陈述、核心组成和证据实例等三个要素组成，言简意赅地勾勒出一个高等教育办学和培养人才服务社会的完整质量保证体系。第一项总指标是使命（mission）与诚信（integrity）。学校通过校董事会、行政部门、教师、工作人员以及学生的参与，建立起相应的机构与程序，保证完成学校制定的使命，主要强调学校应有一个保证体系；第二项总指标是向前意识（preparing for the future）。学校要有足够（用于评估和计划）的资源和措施，表明有能力完成其使命，提高教育质量，适应未来可能出现的挑战和机会，主要强调学校应具备完成其使命的能力；第三项总指标是学生学习与有效教学（student learning and effective teaching）。学校要提供学生学习与有效教学的证据来说明学校在完成使命，主要强调学校已在执行并完成其使命；第四项总指标是知识的获取、发现与应用（acquisition discovery and application of knowledge）。学校根据其使命，通过培养人们的询问意识、创造能力、实践概念以及对社会的责任性，大力提倡终生学习的理念，强调学校提倡终身学习与其办学使命的一致性；第五项总指标是承诺和服务（engagement and service）。根据学校的使命，全力为服务对象提供有价值的服务，主要强调与学校使命一致的服务性。》

这一时期，就美国八个地区性高等教育认证机构而言，它们在认证具体项目的选择上略有差异，但总体上都集中在四个方面：办学目的、办学条件、办学措施、办学成效。一般是从高校的使命开始，重新检视高校的使命陈述、发展方向和目标等，然后根据这些内容对高校的组织结构、管理机制进行检查，对高校的财务管理、学生管理和学生学习成果等方面的内容进行评估。认证指标的执行出发点和范围以各参与认证的学校为主，以学校的现有条件、特点作为认证的基本出发点，帮助认证学校有目的、有方法地检查总结自己的工作成绩与需要改进之处。

可以看出，美国院校认证标准经历了从单纯量化到质性发展、从重视院校资源到重视办学效率、从重视办学效率到重视高校主动发展的价值演变过程。认证标准的这一转变反映了人们对高等教育质量的新认识，即高等教育的质量具有多样性，保证高等学校的质量不应该以牺牲院校的个性为代价。以院校主动发展为核心的认证标准使得院校参加认证的过程成为自我目标管理的过程。

第三节 日本高等教育评价标准

日本的大学评价已有 100 多年的历史，但大学评价体系的真正确立还是在第二次世界大战以后。20 世纪 90 年代以来，日本以教育机会均等为准则的高等教育资源分配政策迅速向以效率为准则的配置政策转移。在这一过程中，日本高等教育以修改大学设置基准、导入大学评价制度为两条主线。前者为大学办学放宽了自主权，引导大学发展走上个性化道路；而后者是在减少政府干预之时，建立一种具有自我约束机制的大学评价制度，真正迎来了日本大学评价的新时代。

一、日本大学评价的规范发展

日本的大学评价制度，第二次世界大战前由国家统一控制，第二次世界大战后经历了从期望大学自我评价到强调大学自我评价，从强调大学自我评价到引导大学自我评价的发展历程，经历了从国家统一控制到大学主动发展的规范性发展历程。

（一）第二次世界大战前的设置认定制度

1868 年日本明治维新运动开始，1870 年明治政府仿照欧洲颁布了《学制》，《学制》中并没有规定高等教育机构的目的、方针、任务和政策，因此，从 1877 年东京大学成立以后，日本又成立的一些公、私立专门学校，都是完全自由开办的，而且形式多样，水平也是参差不齐的。

直到 1903 年，日本政府颁布了《专门学校令》，不仅规定了高等教育机构的认定标准，还规定了高等教育机构尤其是私立学校的办学水平鉴定的标准。《专门学校令》首次规定公、私立专门学校的设置认定之权属于文部大臣，而作为标准判断的条件，政府要求私立学校设置以只能接受中等学校毕业生或具有与此同等学历者为对象的课程，"强制性地"提高了私立高等教育机构的质量。1919 年末，日本又颁布了《大学令》。《大学令》关于设置认定的基准是非常严苛的，其中，作为《大学令》主要内容，要求私立大学作为财团法人，除了要配备相当数量的专任教师之外，对学校的设备、教科书、学生数都有严格的要求，对教学方面也进行了充实度的要求，还要确保基本财产，以维持和提高作为最高学府的大学的教育质量。这样一来，《大学令》就意味着国家对公、私立高等教育机关，也有进行标准判断的权力。

总而言之，第二次世界大战前日本的大学评价制度，"标准判断"和"设置认定"是统一的，都是由国家统一控制，其中"标准判断"只是作为"设置认定"的环节而被要求的。

（二）设置认定与标准判断相分离

1947年7月，在美国占领军的强力指导下，日本大学的领导者们携手创立了"大学基准协会"。大学基准协会是由文部省批准设立的大学（chartered university）经资格认定（accredit）而组成的大学联合组织，包括了46所国立、公立和私立名牌大学的校长。协会一成立，马上就制订并公布了《大学基准》，对日本大学应该达到的最低标准等做了统一规定，基准的框架涉及财政、教员组织、课程等共有11项指标来对成员资格进行认定。

1947年12月，文部省主持成立了由45名委员组成的大学设置委员会，其中，有半数委员由大学基准协会推荐，即45名委员中，有22名是协会推荐的。该委员会一成立后，就立即着手按照《大学基准》来审查各个高等院校，设置认可的基准和标准判断基准也变得统一化。

1950年，"大学设置委员会"改名为"大学设置审议会"，成为文部省的咨询机构，专门负责大学设置的认可。考虑到《大学基准》只是作为大学设置审议会刚成立时用来审议大学设置认可的标准，它本身是作为民间机构的大学基准协会用来鉴定大学办学水平（"标准判断"）的一个标准，并不具有法律效力，而且在大学设置认可的具体基准上并没有明确的、充分的数量上的标示，因而审议会在使用它时又制定了一份《大学设置基准审查内规》，与之配合使用。后经多次的修订，1956年被文部省以《大学设置基准》的名称正式公布而成为法律。作为保证大学办学质量的权威性准则，《大学设置基准》规定了开办一所学校所必备的最起码的条件，此后，虽有几次修改，但直到1991年之前都没有发生根本变化。

总之，第二次世界大战后很长一段时间里，日本的大学评价制度，主要是由文部省实施的对新设大学（或院系、专业）的设置认可和由大学基准协会对大学设置后的一些不定期的质量核查行为组成。大学基准协会自1947年成立以来到1992年的35年间，会员数虽有所发展，但这种发展速度并不快，质量认定没有在大学扎根。

（三）大学设置基准大纲化和大学自我评价

20世纪80年代以前，日本的大学设置基准对课程、学分的分配等均有明确具体的规定，大学无法主动根据学科的发展、社会的需求来调整课程结构，办出特色。80年代末，日本社会变革的一大显著特征是放宽管制，加强自由竞争机制。

1991年，为适应社会和经济变化对高等教育提出的新要求，日本文部省全面修订1956年制定的《大学设置基准》。其中心内容有两个：一是以"大学基准的大纲化"为名的教育课程自由化改革，即政府放宽对大学的调控，允许大学（或院系）基于自己的责任和判断在其课程设置、教学方法上进行大胆改革以适应社会的不断变化；二是建立大学自我评估体制，各个大学可以按照各自的办学理念，设定适当的评估项目并建立相应的评估执行机关，以便系统地开展评估工作，该次修订被认为是第二次世界大战后日本仿效美国模式建立新制大学以来最具有划时代意义的一次大学改革。根据文部省的统计，1997年，国立大学的100%、全部大学（国立、公立、私立）的88%开展了自我检查与评价工作。

自文部省修订《大学设置基准》以来，日本的高等教育发展进入了以提高质量为核心的时代。大学自我评价的开展及评价结果受到了大学各级组织机构及社会有关部门的极大关注，各大学力争掌握评价的主导权和主动权，积极评价自己的办学行为。特别是国立大学在宏观上调节大学的理念及目标，在微观上改革教学与科研，全面推动了大学的变革。自我检查评价还促使各大学、各系、各位教师把工作重心放在课程和教学方法的改革上，在一定程度上扭转了长期以来国立大学重研究、轻教学的倾向，从而提高了教学质量。

虽然20世纪90年代以来日本大学根据修改后的《大学设置基准》逐步形成了以自我评估为主的大学评估制度，但这种评估制度也存在客观性、透明性不足和形式化严重的问题。1998年日本大学审议会又提出了一系列咨询报告，对《大学设置基准》再次修订。此次修订与1991年颁布的大学设置基准相比，包括了三点变化：第一，把原来尽可能执行大学自我评估的规定提高到了所有大学必须执行的高度；第二，增加了大学公开自我评估结果的要求；第三，增加了对大学自我评估的结果尽可能再由第三者进行检验的要求。

（四）第三方评价制度的引入

新世纪伊始，在小泉政府领导下实施"从事前规制向事后确认转变"的行政、财政改革。文部科学省受政府放宽规制政策的推动，不仅使包含放宽校园与校舍面积标准在内的大学设置认可变得容易，而且还从学部学科变更的申报制扩展到允许设置股份制大学。与这一政策相适应，2004年实施的"认证评价制度"以大学质量与水平的"事后确认"为目的，在评价机构的设置与大学的利用方面具有相当大的自由度。

2000年4月，日本政府将成立于1991年7月的学位授予机构改名为大学评价与学位授予机构。它由政府设立，运营经费也来自政府的财政拨款，是国立的"大学共同利用机构"，但它不执行行政职能，具有高度独立性的学术机构，主要负责对国立大学的评价和质量改善工作。2000年10月，大学评价与学位授予机构制定了关于大学评价目的、内容、方法、过程、组织等的具体方案，从2000年到2003年为试点过渡时期，评价建立在各个大学自我评价的基础之上。

2004年4月1日，日本《国立大学法人法》正式实施，89所国立大学从原来政府组织的一部分转变为自主运作的国立大学法人。在这次国立大学法人化改革过程中，大学评价与学位授予机构作为独立行政法人从政府部门独立出来，评价对象的范围由国、公立大学扩大到私立大学、短期大学以及高等专门学校，负责对大学的经营状况、教育研究状况以及社会服务状况等展开全面而又客观的评价，并把评价的结果反馈给大学和社会各界人士，以促进大学教育质量的改善，同时为政府更有效地配置资源提供一定依据。评价周期为七年一次（学校中期发展计划期间），专门职业研究生院每五年一次。

文部科学省对评价机构提出了四条主要认证标准，其中对评价标准与方法的规定是：①评价标准必须符合学校教育法及各设置标准；评价标准的项目必须从有助于促进大学富有特色的教学科研的发展来设定。②在决定评价标准时，必须采取能让方案公开等确保公正、透明的措施。③作为评价方法，必须包含对自我检查与评价的分析及进行实地考察。④评价结果应登载在杂志或利用网络。⑤在设定评价标准时，对以下事项必须进行评价（大学综合情况的评价）：教学科研方面的基本组织；教师组织；教育课程；设施及设备；行政组织；财务；其他与教学科研活动有关的事项。目前日本得到文部科学大臣的认证与授权的评价机构主要有三家，分别是大学评价与学位授予机构、大学基准协会和日本私立大学协会的财团法人，这些组织根据各自的特长对大学进行各类评估，向文部科学省以及文部科学大臣提交大学评价报告，旨在帮助大学发挥广泛的特性并提高教育和研究活动的质量。日本的大学评价制度从"事前规制"走向"事后确认"。

二、日本大学评价标准的价值演变

随着日本高等教育评价的规范发展，日本高等教育评价标准经历了由注重行为规范的工具价值向大学主动发展的理性价值的演变。

（一）基于办学条件的评价标准

1956年文部省颁布的《大学设置基准》相对于大学基准协会的《大学基准》在大学设置认可的标准上更加地细化、量化了《大学设置基准》共13章48条，它在《大学基准》的基础上，不仅规定了大学必须具备的物力与人力条件，如基本财产、校园与校舍面积、体育馆等设施、教师人数、学生定编、图书馆藏书册数等，甚至连设置的学部与学科名称、教育课程、授予的学位名称都进行了严格的规定。（1）学校教育组织的规模标准，如师生比例、教师队伍职称结构比例等；（2）学校教育编制标准，如对学部的要求、对学科的要求、对教师队伍的要求、对学生入学资格的要求，对学生毕业的要求、对教学工作的要求等；（3）学校行政编制标准，如行政机构设置、行政人员编制、行政机构职权范围等；（4）学校设施设备标准，如学校占地面积、校舍建筑面积、图书藏书量、附属机构等。

20世纪90年代以前，这些设置标准，作为设置大学的法律依据，规定了开办一所高校所必备的最起码的条件，满足这些条件是设置大学的必需前提，各项标准一般都是实行量化的标准。这意味着，文部省制定的《大学设置基准》和由文部省设置的"大学设置审议会"根据该基准的审查，实际上对大学的"评价"与"质量保证"发挥了重要作用，但是，这种评价与质量保证不论对大学还是学部，到底只是设置时的标准。文部科学省和大学设置审议会对已经认定的大学与学部没有再审查或事后确认的权力。

（二）基于院校自我管理的评价标准

20世纪90年代初和90年代末日本两次对《大学设置基准》的重新修订，使大学获得更多的办学自主权，并将自我评价定为大学的义务。自我评价的项目和内容主要有大学审议会、大学基准协会、日本私立大学联盟、日本私立短期大学联盟、全国公立短期大学协会等组织与团体设定。其中大学审议会制定的评价项目和内容为：

（1）教育理念与教育目标。包括大学教育理念与教育目标的制定情况、大学的未来发展设想以及为充实大学的教育研究活动采取的措施。

（2）教务教学工作。包括招生工作、对学生生活的安排照顾情况、教学大纲的编制、教学指导的方式、教学方法的研究与开发、学生的学习成绩与学分的评定标准和方法、毕业生的就业和升学情况。

（3）科研工作。包括研究成果的发表状况、学术刊物的编辑方针与发行情况，共同研究的实施情况、研究经费的来源、研究经费的分配方法、参加学会活动的状况。

（4）教师队伍。包括专任教师与兼任教师以及教学科研辅助人员的配备情况、教师的年龄与其毕业学校的构成情况、教师的录用和晋升的标准与程序、教师人事安排的长期计划。

（5）设施、设备。包括大学的设施、设备的使用情况、图书馆的利用情况、学术信息系统的完善与使用情况。

（6）国际交流。包括留学生的接收与指导、在校生的海外留学与研修、教师的合作研究、与国外大学签订交流协议的情况与实施情况等。

（7）与社会的联系。包括大学举办公开讲座、接收成人学生、教师参加校外活动以及在教育科研工作中吸收校外意见的渠道等。

（8）学校的管理、运营及财政状况。包括有关教育科研工作的决策体制与方法、行政组织及预算的编制方针和执行情况，校外资金的引进状况。

（9）评价体制。包括校内开展自我评价活动的组织建设情况、教育科研活动的公开程序、反馈评价结果的渠道等。

办学理念是衡量和判断各大学教学研究活动价值的基本指导思想。自我评价既然是一个大学自觉的行为，那它必须以该大学制定的办学理念为本，但是实际上，许多大学向公众揭示的理念是原则上的东西，其表述往往过于笼统暧昧，其结果是导致大学评价指导思想的"名存实亡"。

（三）基于教育目标的评价标准

2000 年第三方评价引入后，大学评价与学位授予机构作为日本第一家政府认证的外部立行政法人机构，提倡大学和大学外的学术团体或学术界的教职人员应该承担起进行教育活动评估的主要责任，对大学开展的教育、研究、社会服务等活动进行评价，以期对改进大学的教育、研究等起到促进作用，促进大学的发展。其评价标准主要包括以下 11 个方面，具有较明显的替代以往政府实施大学设置标准的性质。

标准 1：对大学目标的评价，强调目标描述是否清晰、是否与学校教育法规定的目标相符合，以及是否按照要求对社会公布办学目标。

标准 2：教学和研究的组织。

标准 3：师资、教辅和教学助手。

标准 4：入学政策、招生人数等学生录取情况。

标准 5：教学内容和方法，包括课程、教学方法、学习方法和指导、成绩评估、毕业条件等。

标准 6：教学成果，包括学业成绩、质量和能力、效能和教学目标的实现成果。

标准 7：为学生提供的支持和帮助。

标准 8：设备和仪器。

标准 9：教育教学质量保证和提高机制，包括自我检查和评价机制、教师发展机制（FD）。

标准 10：预算，包括预算根据、预算规划、审计制度等。

标准 11：行政管理，包括行政管理制度、办事员工作组织、自我评价和评价结果发布等。

其中，5—3—2"根据成绩评价基准和毕业认定基准的要求适当实施成绩评价、学分认定和毕业认定"；5—4—2"授课内容总体上与教育课程设置的宗旨相符"；6—1"参照教育目的所要培养的人才提高教育成果和效果"，总体上表现为基于外部教育目标的评价取向。

（四）基于大学主动发展的评价标准

大学基准协会的大学评价，最初是作为"资格判定团体"只进行合格判定的。自 1947 年大学基准协会制定《大学基准》后，《大学基准》先后经历了 1976 年、1994 年、2004 年多次修订。2004 年 3 月大学基准协会对《大学基准》进行了新的修订，主要包括以下 15 个方面的评价内容：

（1）理念和目的：大学必须在各种各样的办学理念基础上制定切合实际的目标。

（2）教育研究组织：大学必须成立符合各种办学理念和目标的、合适的以教育研究为基础的组织机构。

（3）教育内容、方法：大学必须具备能取得一定的教育成果的教育内容和方法。

（4）招生：对应特定的教育理念和目标，大学必须制定合理的招生方针和政策，公平地接收满足要求的学生。

（5）学生生活：大学必须配置能让学生专心致志地学习的学习和生活环境。

（6）研究环境：大学必须配置能使教师全力以赴开展研究活动的研究环境。

（7）社会贡献：大学必须考虑与社会联合与交流，为广大的社会做贡献。

（8）教师队伍：大学必须为教学研究的正常进行招聘和组织合适的教师队伍。

（9）办公机构：大学必须为支持教学研究设置合适的办公机构。

（10）设施与设备：大学必须配置足够的设施、设备，并使其能够合理地使用和管理。

（11）图书与电子媒体：大学必须有计划地购置图书、电子资源等资料，供利用者方便有效地使用。

（12）管理与运作：为使大学的各种机构充分发挥作用，必须制定明确的管理运行规章制度。

（13）财务：大学必须成立使财政正常运行的财务系统。

（14）定期检查与评价：为维持并提高教学研究水平，要定期检查和评价学校的各组织机构及其开展的活动。

（15）信息公开与责任说明：关于大学私各组织机构的运行状况，以及对运行状况的定期检查、评价的结果等有关信息，有责任向社会公开说明。

大学基准协会新的大学评价体系不仅能够确认各大学作为协会的维持会员是否达到了协会的最低要求，而且能够确认各大学为了实现自己的"办学指导思想和目的"是否下工夫进行了改善和改革，同时还可以根据该校进一步发展的需要提出必要的建议和有效的忠告，给该大学以更加有效地实行改善、改革的机会。

2009年，大学评价与学位授予机构对评价基准进行了修订，在保持大学的使命、教育研究组织、教师及教辅人员、招生、教育内容及方法、教育成果、学生服务、设施设备、教育质量改善机制、财政、管理等11个一级指标不变的情况下，对评价标准的二、三级指标进行了完善。在2009年新评价标准，5—3—2改为"考虑学生的学术需求和意见，以保证学生评价的准确性"；5—4—2改为"学术进程和教学内容应反映学生、研究成果、学术动态和公共利益等多方需求"；6—1则改为"有效实施教育，鼓励学生在其期望的教育中提高学力、素质、能力"，逐渐体现出基于教育教学发展的价值取向。

第六章　我国高等教育评价标准的展望

我国高等教育评价制度起步于 20 世纪 80 年代教育体制改革时期，20 多年来，随着高等学校办学自主权的增强和政府宏观管理职能的转变，高等教育评价制度日渐规范和完善。然而，受高等教育行政化管理的影响，高等教育评价更多的时候被作为政府管理高校的工具，而忽视了其价值创造与价值生成的意义。受此影响，高等教育评价标准过于强调其行为规范的工具价值，而淡化了高校主动发展的理性价值。实现高等教育评价标准的价值创新需要树立生成性的思维方式，明确高校的自主发展意识，树立发展的高等教育评价理念，将高校主动发展的理性价值作为核心价值导向，引导高校积极主动健康地发展。

第一节　我国高等教育评价发展

我国高等教育评价活动是在 1985 年中共中央开始教育体制改革、"加强对高等教育的宏观指导和管理"的精神下开始启动的，当时进行的是学科、专业、课程教学的评估工作。1990 年 10 月，原国家教委主任李铁映关于《普通高等学校教育评估暂行规定》I4 号令的发布，标志着我国高校教学工作的评估揭开了序幕。1993 年，《中国教育改革和发展纲要》颁布，高等教育评价正式被推到了高等教育质量管理的神圣舞台，评估品种与数量直线上升。1994 年初，国家教委开始有计划、有组织、大规模地实施对普通高等学校的本科教学工作进行评估，主要有合格评估、优秀评估、随机性水平评估三种形式。2002 年，教育部将三类评价合一，统称"高等学校本科教学工作水平评估"。2003 年，国家开始实施五年一轮的普通高等学校本科教学工作水平评估制度。2004 年，教育部对 2002 年《普通高等学校本科教学工作水平评估方案（试行）》进行修订和调整，进一步完善和丰富了普通高等学校本科教学工作评估的机制和内容。经过多年的研究与试点，我国普通高等教育本科教学评估步入了制度化和规范化轨道。2008 年上半年，592 所参评高校在第一轮评估中全部评估完毕。

一、我国高等教育评价的规范发展历程

相对于普通教育评价发展，我国的高等教育评价起步较晚。1985 年以来，我国高等教育评价制度随着高等学校办学自主权的增强和政府宏观管理职能的转变而不断规范发展和

完善，因此，大致可以分为三个阶段。

（一）高等教育评价的制度化建设

1985 年 5 月，《中共中央关于教育体制改革的决定》首次提出："国家及其教育管理部门要加强对高等教育的宏观指导和管理。教育管理部门还要组织教育界、知识界和用人部门定期对高等学校的办学水平进行评估，对成绩卓著的学校给予荣誉和物质上的重点支持，办得不好的学校要整顿以至停办"。这是我国政府文件中第一次对高等教育评估提出明确的要求，由此开启了我国高教评价理论研究的大门。

1985 年 11 月，国家教委就印发了《关于开展高等工程教育评估研究和试点工作的通知》，京、沪、机电部、煤炭部等地区和部门率先分别进行高校办学水平、专业、课程的评价试点。1986 年 12 月，国务院发布《普通高等学校设置暂行条例》，成为评价普通高校的基本办学水准的依据。到 1990 年，据不完全统计，评价活动已涉及六个省、八个部委的近 500 所高校。

1990 年 10 月，国家教委在认真总结 1985 年以来广泛开展高等教育评价研究和试点工作实践经验基础上，将高等教育评价的一般规律与我国具体实践相结合，制定了《普通高等学校教育评估暂行规定》，就高教评价性质、目的、任务、指导思想、基本形式等明确作了规定。作为我国第一个关于高教评价的行政法规性文件，《普通高等学校教育评估暂行规定》确立了我国高教评价制度的基本框架，是我国高等教育评价工作开始规范化的重要标志。

1992 年我国开始建立社会主义市场经济体制以后，教育体制的三个基本要素——学校、政府和社会之间的关系发生了变化。国家开始重视高校自主权，重视来自高校内部和社会的评价活动。1993 年 2 月，中共中央、国务院颁布了《中国教育改革和发展纲要》，对与社会主义市场经济相适应的教育体制改革目标以及相应的教育评价做了明确的要求，即各级各类学校要办出自己的特色；转变职能，由对学校的直接行政管理，转变为运用立法、拨款、规划、信息服务、政策指导和必要的行政手段，进行宏观管理；重视和加强决策研究工作，建立有教育和社会各界专家参加的咨询、审议、评估等机构，对高等教育方针政策、发展战略和规划等提出咨询建议，形成民主的、科学的决策程序。

当时，我国处于社会主义计划经济体制下，高等教育管理模式具有较强的行政化的特点，执行自上而下单向主从型程序，还没有从根本上改变国家包得过多、统得过死的状态，高校缺乏面向社会自主办学的活力和动力，政府宏观管理的体制还没有完全建立起来，因此，这一时期作为高等教育宏观管理手段之一的高等教育评价主要强调教育为国家、社会服务，以国家对教育的总体要求为价值取向，由教育行政与督导部门具体实施，执行自上而下单向主从型程序。

（二）高等教育评价的大规模、多样化实践

1994 年，教育部启动本科教学工作评估，主要有三种类型：从 1994 年开始，教育部

对 1976 年以后新建的、本科教育历史较短的、基础比较薄弱的学校进行了合格评价，目的是使这类学校能够达到国家规定的基本的办学水平和质量标准，并帮助这类学校进一步明确办学指导思想、加强教学基本建设、提高教学管理水平，被评学校由原国家教委指定，评估分六个科类进行，结论为合格、暂缓通过、不合格；从 1995 年开始，对 100 所左右本科教育历史较长、基础较好、工作水平较高的学校开展了优秀评价，目的是促进这类学校深化改革和办出特色，被评学校由原国家教委根据学校申请确定，评估分 4 个科类进行，结论为优秀、暂缓通过、没有达到优秀；从 1999 年开始，教育部对介于上述两类学校之间的普通院校开展了随机性水平评价，评估不分科类设一个评估方案，但对师范、财经、医药、外语等不同类高校指标做了调整说明，结论为优秀、良好、合格、不合格。到 2002 年，教育部对 192 所高校进行了本科教学工作的合格评估、16 所高校进行了优秀评估、26 所高校进行了随机性水平评估。

这一时期的评价实践是在经济社会平稳快速发展、招生规模急剧扩大、高等教育进入大众化发展阶段的大背景下，针对高校生均经费投入不足、办学条件急需改善，教学改革、建设和管理有待加强的情况进行的。一些研究者开始提出现代高等教育评价核心应是对办学效益的综合评价，实质上就是一种对高等教育向社会贡献价值多寡优劣的评价。这一时期的普通高校教学评估历程，具有显著的导向性、探索性和试验性特征，同时可以看作是我国高等教育评估机制的孕育形成时期。

（三）本科教学工作水平评估的发展完善

2002 年 6 月，教育部将过去的合格评价、优秀评价和随机性评估三者合并为本科教学工作水平评估，并出台了《普通高等学校本科教学工作水平评估方案（试行）》（教高司函 [2002]152 号），评价工作的重点在强调教学基本条件和教学质量的同时转向了对学校办学思想和培养目标的考察。

2003 年，为了适应高等教育发展和改革的新形势和政府转变职能、强化监督、规范管理的需要，教育部党组决定实施"高等学校教学质量与教学改革工程"，建立五年一轮的普通高校教学评估制度，全面开展高等学校的教学评估工作。2004 年 8 月，教育部对 2002 年的方案的指标、观测点和标准做了进一步改善，并颁布了《普通高等学校本科教学工作水平评估方案（试行）》（教高厅 [2004]21 号），注重考察学校定位和人才培养目标是否合理，学校做了哪些工作以实现既定目标，学校教学工作的实际效果与既定目标的符合程度如何等等，教学目标的合理性摆在了教学评价的核心位置；并规定，评定等级为优秀的学校必须有鲜明的特色项目，评定等级为良好的学校要有特色项目，否则将实行一票否决。2005 年，教育部相继颁发了《关于进一步加强高等学校本科教学工作的若干意见》（教高 [2005]1 号）、《关于做好 2005 年普通高等学校本科教学工作水平评估的通知》（教高司函 [2005]7 号）等文件，对如何做好评估工作提出了进一步的规定和要求。

本轮评估是在高等教育大众化阶段保证高等学校本科教育教学质量的重要举措，是教育行政部门转变职能的重要手段，符合国际高等教育发展潮流。评估促进了政府进一步转变教育管理职能，高校进一步明确办学指导思想，强化质量意识，规范教学管理，有助于高校凝练办学特色，从而提升大学的文化品位。

二、我国高等教育评价的价值转向

经过近 30 年的建设与发展，我国高等教育评价工作在法规建设、组织建设和评估理念上呈现积极的价值转向，高等教育评价的价值意义日益彰显。

（一）评价政策由行政性法规向公共事业性法规转变

国家及教育行政部门先后颁布的涉及评价政策的法规主要有五部，呈现由行政性法规向公共事业性法规转变的趋势。

1990 年《普通高等学校教育评估暂行规定》作为唯一的高等教育评估专门性行政法规，对普通高等学校教育评估的主要目的、基本任务、基本准则、评估形式、评估主体等做了明确规定，如"普通高等学校教育评估是国家对高等学校实行监督的重要形式，由各级人民政府及其教育行政部门组织实施"并"鼓励学术机构、社会团体参加"。

1993 年中共中央、国务院在《中国教育改革和发展纲要》中强调："各地教育部门要把检查评估学校教育质量作为一项经常性的任务政府要转变职能，由对学校的直接行政管理到进行宏观管理"。《国务院关于〈纲要〉的实施意见》中进一步指出，"为保证政府职能的转变，要建立、健全社会中介组织，包括教育评估机构等，发挥社会各界参与教育决策和管理的作用"。

1995 年颁布的《中华人民共和国教育法》，规定"国家实行教育督导制度和学校及其他教育机构教育评估制度"，从而奠定了高等教育评估的法律基础。

1998 年国家又颁布了《中华人民共和国高等教育法》，其中规定"高等学校的办学水平、教育质量，接受教育行政部门的监督和由其组织的评估"。

1999 年颁发《中共中央国务院关于深化教育改革全面推进素质教育的决定》，规定"在高中及其以上教育的办学水平评估、人力资源预测和毕业生就业指导等方面，进一步发挥非政府行业协会组织和社会中介机构的作用"和"逐步形成对学校办学行为和教育质量的社会监督机制以及评价体系，完善高等学校自我约束、自我管理机制"。

（二）评价主体由一元评价向多元评价转变

组织系统的建立是教育评估活动制度化的重要保证，其表现形式是评价组织或管理机构的多元化。在我国，政府评价居主体地位，评估中介机构在政府职能转变中应运而生。

我国高等教育评价活动大都由教育行政部门直接组织实施，或者由教育行政部门成立的评估办公室负责具体评估事务。根据《普通高等学校教育评估暂行规定》，国家教委成立了"普通高等学校教育评估领导小组",并确定高教司评估处负责教育评估的日常工作。不少省、直辖市从实际出发,也成立了相应的评估领导小组。教育部除了开展一些专业评估、课程评估,还开展了"普通高等学校本科教学工作合格评估""普通高等学校本科教学工作优秀评价"和"普通高等学校本科教学工作随机性水平评估"。2003 年 10 月,经教育部党组研究,决定成立教育部高等教育教学评估中心。新成立的教育部高等教育教学评估中心是教育部直接领导的、具有独立法人资格的行政性事业单位,其具体职责是,根据教育部制定的方针、政策和评估指标体系,开展对高等学校、办学机构的教学和专业教学工作的评估等方面的工作。

在我国,"社会中介组织"的概念最早出现在 1992 年《中共中央关于经济体制改革的决定》中。1994 年 7 月,受国务院学位委员会和原国家教育委员会的委托,经原中国兵器工业总公司批准,"高等学校与科研院所学位与研究生教育评估所"在北京成立,该所是受国务院学位委员会委托,承担开展学位与研究生教育评估及有关咨询服务的事业性质的机构。从成立"学位与研究生教育评估所"到世纪之交的省(市)级政府机构改革,相继成立了"上海高等教育评估事务所"(1996 年,2000 年改制为现"上海市教育评估院")、"江苏省教育评估院"(1997 年)、"辽宁省教育评估事务所"(1999 年)、"云南高等教育评估事务所"(2000 年)、"广东省教育发展研究与评估中心"(2000 年)、福建省教育评估所(2003 年)、浙江省新时代教育评估中心(2003 年)等多家从事高等教育评估的专业机构。它们接受政府以及社会各界的委托,专门从事高等教育评估。据不完全统计,目前我国有教育评估中介机构 40 余家,初步形成了多层级、多形式的教育评估机构网络。

目前,我国的高等教育评估机构呈现出多种模式并行发展的趋势,形成了由多种评估主体组织开展多种类型、多种层次教育评估活动的新局面,适应了市场经济条件下发展高等教育事业的客观需求。

(三)评价理念从鉴定走向发展

随着教育评价实践的发展,教育评价外延不断扩大,内涵不断深化,评价技术不断多样化,评价模式不断系统化。与此同时,高等教育评价的内涵亦不断深化,评价理念从鉴定走向发展。

从"以评促建、以评促改、评建结合、重在建设"的 16 字原则,到"以评促建、以评促改、以评促管、评建结合、重在建设"的 20 字原则,再到 20 原则前两句秩序的调换:"以评促建,以评促改"改为"以评促改,以评促建",不只是位置的变动,而是充分体现了一批专家和大学管理者通过一段时间的评估实践,对评估内涵的进一步合理化和科学化,体现了高等教育评估理念从鉴定到主动发展的价值取向。

将"以评促建"置之首位,进一步强化了教学评估在促进高校教学基本建设方面的功能;但同时会过分引导被评估院校过于把"功夫"用在"建"字上,建新校区,建一幢幢高楼大厦,建一条条宽敞道路,建一批批实验室,从而忽视了评估的综合性作用。

"以评促管"则凸显以评估之手推动高校教育教学管理改革的理念。过去所进行的各类教育教学评估，都曾在不同程度上涉及高校管理问题，但评估的着眼点却在教学工作本身。事实上，高等教育质量和教学工作水平与管理的关系密不可分。一所高校管理思想先进，管理文化独特，管理规范科学，管理机构合理，其教育质量和教学水平必定处于较高层次；反之，一所管理十分混乱、资源浪费严重的院校，亦难有高水平的教育质量和教学水平。

现在将"以评促改"作为首句，体现了评估组织者由过去过于注重"外延式发展"转变为更加注重"内涵式发展"，评估不是要被评估院校去拼命借钱筹资大搞新的建设，而是要通过评估促进大学改变那些有违办学规律的思想和理念；改革制约大学发展的体制和机制；改变忽视教学工作的观念和做法。要在改中建，不足的教学基础设施须加强，不够的图书、仪器须增加，不完善的规章制度须改进；要在评估中提升管理水平，促进大学的进一步发展。

三、我国高等教育评价存在的问题

我国大学缺乏大学自治与学术自由的根基，在国家高度集权的行政化管理下，高等教育评价更多的是被作为政府管理高校的工具，而忽视了其价值创造与价值生成的根本。评价本身由手段异化为目的，致使高等教育评价不能真正担当起高教发展的动力机制。其弊端主要表现为以下方面：

（一）管理主义倾向明显

美国学者枯巴和林肯在《第四代评价》中，深刻地总结和批判管理主义倾向。认为管理者总是通过权力和提供资助控制着评价，决定着评价的范围和任务，决定着评价的报告对象。我国高等教育评价的管理主义倾向表现为从管理者的要求出发，重视评价的统一性，强调统一考核、统一标准、规范表达。评价组织者在制定评价方案时，往往以教育行政管理文件为依据，按自身的教育价值观及其价值取向设置评估标准，不考虑多重主体的价值取向，以致高等教育评价隶属为教育行政管理的工具。这就使评价与一般的行政管理活动难以分开，在一定程度上影响了评价的客观性、公正性和学术性，同时给高等教育评价的目的达成和功能发挥产生了不可忽视的消极影响。

（二）功利主义现象严重

功利主义倾向于在高等教育评价中的表现是过分强调有用性，重视结果。1990年10月国家教委正式颁发的《普通高等学校教育评估暂行规定》中明确规定教育评估分为合格评估、办学水平评估和选优评估，当时的专家也随后分别制定了合格评估、随机评估、选优评估三种指标体系，并把工作重点放在本科学校办学水平和教育质量的合格评估上。2003年的"五年一轮次的评估制度"将原来的三种评估指标体系合并成一个评估指标体系，并把评估结论分为不合格、合格、良好和优秀四个档次，在评估结论上有了层次上的差异。

在功利主义的影响下，许多受评学校并未把工作重点放在"以评促建"和"以评促改"上，而把是否通过评估或评估结论的高低作为唯一目的，刻意追求"优秀"等级，自评报告中办学成绩和特色部分比重过大，而存在问题的原因及改进措施部分相对较少。通过专家组的评估后，相当部分高校没有认识到整改工作任务的艰巨性，并没有真正将整改工作列入学校工作计划，整改工作力度不够大，整改措施没有得到很好落实，最终影响高校本科教学质量的提高。

（三）评价本身由目的上升为手段

评价的目的本来是为了促进学校的主动发展。但现实中它的主要任务却是对高校的本科教学工作水平进行鉴定和分等，并有意识地将分等的结果与决策挂钩。在实际进行评价活动时，评价者和被评价者比较关注的是具体的评价指标，而对指标背后的意义，尤其是整个评价的目的和意义往往思考不多。

很多高校都把"自评自建阶段"理解为"迎接评估阶段"。这种认识偏差中的"迎评意识"导致了评价中"自评自建功能"的缺失。在这一评价的最重要阶段，学校不是认真贯彻教育部提出的"以评促改，以评促建"的评估原则，不是认真总结办学指导思想和教学工作，不是认真找准学校的定位，扎扎实实搞好教学基本建设、教学管理和教学改革，而是为迎合专家组的"现场考察"做准备，忽视了"自评阶段"中分析自己、认识自己、总结自己、建设自己的目标功能。

被评学校对学校自我评估的作用和意义尚缺乏足够的认识，没有专门系统的学校自评标准与指标，而主要是依据教育部的评估标准与指标来进行学校自我评估，被评学校的积极性、主动性受到压制。

（四）评价的有效性不足

有效性即效力，可以翻译为"effectiveness"或"efficacy"，指产生理想效果的能力，或成功地达到了既定目标。评估有效性指评估工具的质量、评估的成本效益与影响力。有效的评估是指在成熟理论指导下，以科学的标准和方法进行评价并对促进教育质量的提升发挥了积极作用的高质量评估。

据调查，2003—2006 年所有接受本科教学工作水平评估的 304 所高校的评估结果中，被评为"优秀"的高校有 193 所，占总数的 63.5%，被评为"良好"的高校有 90 所，占总数 29.6%，而被评为"合格"的高校只有 21 所，仅占总数的 69%。这种"倒三角形"的评估结果引发人们关于"评估结果准确性""评估目的缺失"的质疑，我国的高等教育质量真得有那么好吗？评估的根本目的是全面提高我国高校的教学质量和办学效益，而"优秀"远远多于"合格"的评估结果却只能使大多数高校自满自足，难以实现提高教学质量和办学效益的目标。

从自评报告来看，自评报告是学校自我分析、自我改进的工具，也是唯一提前送达给评估专家的文件。学校在撰写自评报告时，应注重对所收集的证据进行分析，包括分析数据变化背后的可能原因以及对学校教育教学中其他工作的影响等，而目前自评报告中往往过于注重描述事实和现象，描述性语句多于分析性语句，静态的呈现数据多于动态数据的呈现。

四、我国高等教育评价的问题分析

高等教育评价制度与一个国家的社会制度、高教管理体制和高等教育传统紧密联系。我国高等教育评价之所以出现以上问题，主要受制于以下因素的影响：

（一）高度集权的行政化管理

在我国，大学长期以来在"计划体制"下运作，大学往往被称作事业单位，而不是学术意义上的专业性组织。在这种制度结构中，国家或政府成为主宰和控制大学组织活动的唯一权力中心。从大学的行为取向上来看，大学只单向度地与政府发生纵向联系，大学与大学之间以及大学与社会之间的横向联系则是隔断的。国家是大学资源唯一或主要的供给者，大学与国家之间的关系是行政性的而非契约性的，大学被纳入国家行政序列，大学的职能实际上成为国家行政职能在大学的延伸，而本来属于大学核心任务的学术职能则有滑向边缘地位的危险。

尽管西方国家高校同样存在政府的管制问题，但在经历了上千年独特的学术文化发展后，高校本身对政府的管制与干预具有一定的抗衡。我国高校缺少自治和自立的传统，在强大的国家意志和政府权力面前根本就无力抗衡，高校难免成为各种政治力量表演的舞台，更像一个政府特设的权力部门而不像是教育机构，其作为一种高层次育人学术组织的教育旨趣难以得到有力凸显。

（二）过强的政府评估行为

我国自改革开放以来就提出了"转变政府职能、政府实行宏观调控、扩大高校办学自主权"的管理理念，但至今普通高等教育管理主体仍然是政府，采取的仍然是集权式管理体制。受此影响，"评估中明显的政府行为特征和模式，已经逐渐成为高等教育改革与发展的体制性障碍"。

主要表现为：一是强制性，政府作为评估主体具有行政强制性，评估客体必须接受评估主体的工作安排、评估结论和评估建议；二是直接性，政府直接组织实施各种类型的评估，组织评估小组人员，审核评估方案，批准公布评估结论，控制评估活动的每一个环节；三是复杂性，政府直接组织和主持所有的合格评估、办学水平评估、选优评估，负责评估工作的方方面面，评估又糅合了检查与监督，就注定了政府行为的复杂性和艰巨性，这种政府行政性评估往往是为满足评价者对被评者的鉴定排序而开展评价工作，而不是为了教育增值。

（三）高校内在逻辑的自我放逐

阿什比指出，高等学校作为"从事社会批判的中心"，对社会需求应是主动地、选择性地适应，并在适应中引导和超越现实社会，"同时要抵制社会潮流的干扰"，而不是不加分析地迁就，而我国高校的病灶恰恰存在于这方面。由于国家政治因素对高校的强力干预和全面渗透，本该成为高校最高旨趣的"为知识而知识或为学问而学问，追求知识的内在的和心智力上的目的"长期远离我国高校，高校作为其自身"生存、发展和壮大的内在源泉"的"社会批判精神"却不断丧失，学术自由这一大学与生俱来的本质属性得不到应有的彰显，高校的相对独立性没有得到真正的张扬。在自我缺失和基本属性不明的情况下，高校及高校人的注意力一直放在教育之外的因素。

高校对教育内在逻辑的自我忽视和自我放逐，致使高校缺乏一以贯之的鲜明主题，既没能培植出必要的象牙塔意蕴和高品质的成就，又没有能真正走进社会的中心。高校本该具备的卓越品质与精神气质得不到开掘与张扬，缺乏独立意识与具有鲜明个性的办学理念，因而逐渐趋向平庸。

第二节 我国高等教育评价标准的分析

从1993年《高等工业学校教学工作评估方案（试行）》至2004年新的《普通高等学校本科教学工作水平评估方案（试行）》，我国的高等教育评价标准经历了一个从强调教学条件、注重真实确凿和数据达标的阶段，到强调教学的目标性、注重教学效果的阶段，再到强调办学指导思想，现在正朝着把握时代特征、追求评估目标合理性的阶段迈进。这一方面表明了教育评价活动规律性的存在，同时也说明我国本科教学工作评价发展方向的正确性。

一、我国高等教育评价标准的价值演变

本科教学评估体系最初制定于1993年。1993年6月教委发出《关于对"高等工业学校教学工作评估方案"进行实测工作的通知》（教高司[1卯3]95号），同时公布了《高等工业学校教学工作评估方案（讨论稿）》，并在清华大学、北京航空航天大学、北京理工大学、北京科技大学、北京化工大学、北京交通大学等6所工科院校进行本科教学评估实测。1994年国家教委下达了《高等工业学校本科教学工作评价方案（试行）》，首先对9所工科院校进行教学评估试点。1995年1月6日，教高司[1995]1号文发出了《关于进

行首批高等学校教学工作评价的通知》，1997 年出台了《综合大学本科教学工作合格评价方案》《高等工业学校本科教学工作合格评价方案》《高等农林学校本科教学工作合格评价方案》《高等医药学校本科教学工作合格评价方案》《高等政法学校本科教学工作合格评价方案》《高等财经学校本科教学工作合格评价方案》《高等外语学校本科教学工作合格评价方案》。1998 年，教育部发布了《关于印发普通高等学校本科教学工作优秀评价方案的通知》（教高司 [1998]26 号），并于当年 3 月制定了《综合大学本科教学工作优秀评价方案（试行）》《高等工业学校本科教学工作优秀评价方案（试行）》《高等医药学校本科教学工作优秀评价方案（试行）》。2000 年 12 月，教高司 [2000]67 号文发出了《关于印发〈普通高等学校本科教学工作随机性水平评估方案（试行）〉的通知》，出台了《普通高等学校本科教学工作随机性水平评估方案（试行）》。2002 年 6 月，教育部将原有的教学工作合格评价、优秀评价和随机性水平评估合并为本科教学工作水平评估，并出台了《普通高等学校本科教学工作水平评估方案（试行）》（教高司 [2002]1J32 号）。2004 年 8 月，教育部修订颁发了新的《普通高等学校本科教学工作水平评估方案（试行）》（教高司 [2004]21 号），适用于各类普通高等本科院校。

（一）基于办学条件的评价标准

这一阶段从 1994 年《高等工科学校本科教学工作评价方案》（试行）启用到 1996 年。在这一阶段，虽然也提出要促进学校明确办学思想，提高学校的办学质量和办学效益，但由于当时的主要矛盾是"四个投入严重不足"，其中最为突出的是"经费投入严重不足"，这促使专家组不得不注重教学经费的投入，注重教学条件的达标。

另外，由于评价工作刚刚开始，缺乏参照系统，没有经验积累，不少专家组成员除了了解自己学校的情况外，对被评价学校的详细情况知之不多，对教学效果不愿轻易做出结论。而教学条件由于容易测量，评价体系中又有硬性指标，容易得出结论，于是形成了这一阶段基于教学条件的评估标准，注重真实确凿和数据达标。

据不完全统计，2015、2016 两年有关教育主管部门为 70 余所被评价学校增加的教育投入达 7 亿元人民币，其中 1996 年接受教学评估的高校有 45 所，自筹资金和主管部门增加投入达 44 亿元，平均每校增加投入约 1000 万元。高校及主管省市明显加大对高校教学基本建设的投入力度，在一定程度上缓解了部分高校教学经费投入不足的矛盾，极大地改善了办学基本条件。

（二）基于办学整体的评价标准

在"以评促建，以评促改，评建结合，重在建设"原则的指导下，在第一阶段中，大部分参评学校通过以评促建、向已评学校学习，在改善教学条件方面已有很大成效，加快了高校发展的步伐，但是同时，部分被评学校出现了对照指标体系对号入座、不注重教学目标的倾向。在这种情况下，专家组在注重教学条件考察的同时，又加强了对整体教学管理工作和教学效果的考察。在对 1995 年公布的合格评价指标体系修订的基础上，国家教委于 1997 年 10 月公布了高校本科教学工作合格评价的新指标体系。1997 年修改后的合格评价的新体系从高校教学工作的整体出发，把研究对象和研究过程作为一个整体，不局限于局部和个别部分的评价，从整体与部分、全面与局部之间的制约依赖关系考虑，着眼于办学指导思想、教学条件、教学状态、教学效益四个维度进行综合评价，要求整体上达到我国现阶段本科办学的基本标准。

评价专家组开始注意评价方法与教学目标的一致性，利用评价指标体系引导被评学校从总体上把握教学工作中的关键问题，建立学校内部的质量标准。专家组在注重教学条件考察的同时，又加强了对整体教学管理工作和教学效果的考察。

（三）基于办学目标的评价标准

通过前一阶段的评价工作，被评学校普遍开始重视学校教学管理工作的整体性，重视各门课程的教学质量，但评价体系中的办学指导思想、培养目标等项目，不同的学校却难以分出高下。随着高校的外部环境和内部状况的变化，特别连续扩招带来的新问题，迫切需要对高校的办学指导思想是否明确、所确定的培养目标是否合理和教学工作的实际效果与既定目标的符合程度如何等问题做出回答。

在这种形势之下，教育部颁发了 2002 年《普通高等学校本科教学工作水平评估方案（试行）》以及 2004 年新的《普通高等学校本科教学工作水平评估方案（试行）》，评价工作的重点转向了对学校办学思想和培养目标合理性的考察。即首先要考察学校定位和人才培养目标是否合理；然后再考察为了实现既定目标学校做了哪些工作，学校教学工作的实际效果与既定目标的符合程度如何等。在这一阶段，教学目标的合理性摆在了教学评价的核心位置。

二、我国高等教育评价标准的意义

我国高等教育评价标准的意义——以 2004 年《普通高等学校本科教学工作水平评估方案（试行）》为例。

评价标准对高等学校本科教学工作具有重要的导向作用，评价标准的设计和不断完善是做好评价工作的重要基础。我国高等教育评价标准从 1993 年到 2004 年间的修订完善凝聚着一批教育专家和教育管理者的心血，与教育目标较好地保持了一致性，具有良好的政策导向性，反映了教育工作的基本要求和具体内容，显示了评估工作正确的发展方向。从目前在用的 2004 年评估方案看，其积极作用主要表现在以下几方面：

（一）与教育目标较好地保持了一致性

教育部《关于进一步加强高等学校本科教学工作的若干意见》（教高司 [2005]1 号），

共有16条,如加大教学经费投入,确保教学运行;强化教学管理,确保教学工作的正常秩序;加大教学信息化建设力度,推进优质教学资源共享;大力加强实践教学,切实提高大学生的实践能力;积极推动研究性教学,提高大学生的创新能力;继续推进素质教育,促进学生德智体美全面发展;以大学英语教学改革为突破口,提高大学生的国际交流与合作能力;加强高等学校教学工作评估,完善教学质量保障体系;切实加强对本科教学工作的领导等。2005年1号文件明确了高等学校本科教学工作的指导思想、高等学校本科教学工作的主要任务和要求,是对我国高校教学工作和人才培养的基本要求,也是进行本科教学工作评估的依据,

本科教学工作中的一些具体的标准和要求在教育文件中也有相应的规定,如教育部《普通高等学校基本办学条件指标(试行)》(教发[2004]4号),明确了基本办学条件指标包括生师比、生均教学行政用房、生均教学科研仪器设备值、生均图书等;《关于进一步加强高等学校本科教学工作的若干意见》(教高司[2005]1号),明确了对本科教育工作的总体要求;《关于做好普通高等学校本科学科专业结构调整工作的若干原则意见》(教高[2001]5号),明确了对本科学科专业结构的要求;《关于加强普通高等学校毕业设计(论文)工作的通知》(教高[2004]14号),明确了对毕业论文的要求等。

(二)具有良好的政策导向性

2004年评估方案以《中华人民共和国高等教育法》、中共中央、国务院《关于深化教学改革,全面推进素质教育的决定》、教育部《关于深化教学改革,培养适应21世纪需要的高质量人才的意见》等为依据,是在贯彻"以评促改,以评促建,以评促管,评建结合,重在建设"的原则上制定而成的。评估方案努力体现国家的教育方针及对高等学校教学工作和人才培养的基本要求,反映各类高等学校教学工作的基本规律及现阶段高等教育教学改革的走势与发展方向。指标体系中的每一个主要观测点都是一个导向,有的是政策导向,有的则是教育发展趋势的导向。

例如,在办学指导思想上,特别强调评估工作的主导思想是检验学校工作的"三个符合度",即学校自己的定位和所确定的目标,与国家、社会和学生全面发展的需要及学校实际情况的符合程度;学校的实际教学工作(包括教育资源的配置利用与教学过程的设计等)状态与学校自己所确定的目标定位的符合程度;学校的教学效果(人才培养质量)与学校自己确定的目标要求的符合程度。鼓励学校从实际出发,办出特色。

(三)评价内容全面、规范

2004年8月,教育部修订颁发了新的《普通高等学校本科教学工作水平评估方案(试行)》(教高司[2004]21号)。与2002年原评估指标体系相比较,一级指标仍为7个,另加特色项目;二级指标改为19项,将"就业"从原来的(75)"社会声誉"中提出来,单独列为一项二级指标(76);重要指标仍为11项,但(62)"学习风气"改为一般指标,(43)

"实践教学"改为重要指标；主要观测点原方案是 38 个，新方案为 44 个，新增 4 个观测点。

其中的一级指标包括：办学指导思想、师资队伍、教学条件与利用、专业建设与改革、教学管理、学风、教学效果 7 个方面；19 个二级指标中有 11 个是重要项目，即办学思路、师资队伍数量与结构、教学基本设施、教学经费、专业、课程、实践教学、质量控制、基本理论与基本技能、毕业论文或毕业设计、思想道德修养，基本涵盖了学校教学工作的方方面面；而特色项目是各校自报的，要求能体现出学校的办学特色。

2004 年新评估指标体系既包括条件评估、状态评估和结果评估，也包含本科人才培养工作的关键环节，整体上涵盖了反映教学水平的各方面的工作，具有较高的结构效度和内容效度，对于高校探索教学质量监控提供了一个相对规范的蓝本。

三、我国高等教育评价标准的冲突

虽然我国高等教育评价标准呈现积极正确的发展态势，但由于我国高等教育评估起步较晚，加之办学体制等原因，现行我国高等教育的评价标准是以工具论的教育目的为依据而建构的，注重标准的行为规范的工具价值而忽视了高等学校主动发展的理性价值，存在着诸多的矛盾冲突，主要表现为以下方面：

（一）评价方案的单一性与高等学校的多样性

高等教育学科门类多、专业差别大，即使是同一专业，不同高校间也存在很大差异。就本科教学评估工作而言，虽然教育部《关于〈中国教育改革和发展纲要〉的实施意见》中明确指出"不同类型不同层次的高等学校应有不同的发展目标和重点，办出各自的特色"。教育部从 1997 年起也陆续出台了一批综合大学、工业、农林、医药、政法、财经、外语、师范等不同类型高校的本科教学工作评估方案。但从总体上看，《普通高等学校本科教学工作水平评估方案（试行）》的评估指标和评估体系并非基于某一类高校，而是基于研究型大学的标准，以一个尺度去衡量和评价全体"普通高等学校"。

本科教育分类分层次发展，是我国高等教育从精英教育走向大众化教育的必然趋势。现行的各类评估指标体系，多以统一的指标应用于诸多学校、诸多学科，过于强调"标准"而淡化"特色"。在实际操作中，由于标准过于一致，使得各大学的定位出现偏差，忽略自身的发展优势和自身的办学特色。许多地方院校及一些办学层次不高的院校，不同程度地带有追求一流、向名牌看齐的倾向，忽略自身条件，盲目攀高，这将直接导致评价工作难以全面客观反映不同学校的真实办学水平，甚至产生误导。

（二）评价指标的实证化与教育教学的人文性

长期以来，我国的教育研究和应用主要偏重于理论内省和抽象思辨，或是教育经验的简单总结，或是抽象思辨的理论推导，极少进行数量化分析。直到 20 世纪 80 年代初，随着教育统计学、教育测量学研究的不断深入，以定量化为主要特征的实证化方法才在我国广泛运用。受实证化的影响，目前人们多把教学当作一种技术技能型的操作活动，而没有把教学看作是一种复杂的、富有创造性的学术活动，高等教育评价的实证化倾向非常突出。现今的普通本科教学水平评估大多集中在课堂教学、教学的基本条件等方面，强调指标的明确、量化，以期通过量化、明确的指标来测量各个学校的教学水平，最终给出一个尽量客观的分数来对学校进行水平排序。

定量总能给人以客观、公正的感觉，但这并不符合教学活动自身的特点。高等院校的教育教学是一种复杂的社会现象，人才培养是一个系统工程。高等院校的办学理念、办学传统、教风学风等看不见、摸不着，优劣的评判结论也就不容易做到。在现行的教学评估中，仅凭专家进校几天在办学理念、基础设施、师资队伍、教学改革、教学管理、教学效果、科学研究等各个方面去衡量和评价一个复杂的人才培养系统，显然有失偏颇，不能真实反映高等学校教育教学活动的本质特性。

（三）评价标准的凝固性和高等学校的发展性

评价的核心意义在于促进高校更好的发展。评价标准的发展性包含多方面的含义：其一，随着教育目的、教育理论、教育实践的变化，其评价指标、权重系数、评分标准也发生相应的变化；其二，评价指标体系应充分体现被评价高等学校的可持续发展，面向高校未来；其三，评价指标体系的内容及其权重系数应具有弹性和动态性。

现有的评价指标体系在关注高校可持续发展方面是远远不够的，它仅仅关注的是评估客体在过去时段内的工作状况和成就，而忽略了高校正在做出的努力和发展的潜力，同时也忽略了被评高校在各地及全国的影响和实际变化。目前的本科教学工作水平评估都只是依据高校某一期间的教育成果来确定与其他高校的相对位置，最终只能起着各种意义上的分等划类的作用，但没有成为具有教育意义的、能进一步促进学校发展和改善的评价。

第三节　我国高等教育评价标准的建立

高等教育评价的价值目标既是一种对活动主体及过程的任务规范，同时又是对行动理想及方向的一种指引，并使行动主体最大限度地获得实现该理想的能力。高等教育评价标准具有双重价值目标，其中行为规范是基本价值目标，大学主动发展是长远价值目标。

一、我国高等教育评价的价值目标

高等教育评价的价值目标体现为两个基本层次：一是促进高校以教育内在规律为基础建立教育教学工作的规范与秩序，主要体现的是评价的"技术价值"和"工具价值"；二是在规范与秩序的基础上追求具有长远价值关怀的"教育自由"，体现的是评价的"贡献的价值"和"自由的价值"。高等教育评价既是一种教育事件，也是一种由特定目的所引领的教育行动体系。清晰地确定高等教育评价的教育价值目标，是确保评价教育价值生成及其能力有效发挥的前提。

（一）行为规范是高等教育评价的基本价值目标

"人只能通过社会秩序来发展自己的个性。""教育与社会的联系并非只是直接的、简单的吻合，而是需要通过一定的转化机制"，其出发点和目的是通过对教育环境的"纯化"和"净化"而构建一种有利于人才成长的秩序。

高校是一种根据培养人的目的而建构起来的教育学术自组织。作为一种有别于其他社会组织的教育性学术机构，为了确保学校内部各项事情的规范有序运行和办学的质量水平，高校必定要有一套相对严密涵盖教育教学各方面和各环节的行为规范体系，为学校整体办学行为及学校中行动主体的行为提供行动指南并划定了一个边界。这些基本规范是高校共同体长期积累所形成的类经验，是教育教学工作效率得到保障的一整套行为策略与技术，也是高校教育教学工作秩序建立的形式化基础。促进教育规范的建立和教育教学工作秩序的形成是高等教育评价的首要和基本价值目标。

我国高校长期运行在与社会边界不清的环境中，以国家权力为主导的政治力量和以金钱为象征的经济力量强力地挤压着教育内在规律和学术权力的存续空间，教育的基本规范秩序在我国高校还没有有效建立。高等教育评价的最基本价值就是确保高校中的"行动者"遵循基本教育规范，按照高校教育教学本身的"游戏规则"办学，建立起一整套比较完整的教育教学工作基本规范和制度系统，使高校的教育教学活动和整体运行基本能保持一种秩序和稳定的状态，使高校办学行为具有连续性，并在此基础上逐步形成高校自身的办学传统和特色，从而获得自身的核心竞争力。

（二）大学主动发展是高等教育评价的长远价值目标

教育目的存在于教育自身，教育过程本身即是教育的目的，离开教育过程之外而提出教育目的，"这和农民不顾环境情况提出一个农事理想，同样是荒谬可笑的"。"教育自身之于教育，好比是树种草苗之于植树种草，不仅是不可或缺的，而且是首要的。"关注教育首先必须关注教育自身，突出教育自身的主体性和相对独立性特征。

阿什比提出，来自政府和社会的力量与高校自身内在的逻辑力量相互制约，共同决定着高校发展的方向，高校自身的"内在逻辑"力量有时要比来自政府和社会的力量对高校的影响更大，这种内在的逻辑力量就来自教育工作者所深信和遵循的"并非永远符合社会对高等教育体系的要求"的"教育目标"。教学评估正是要引导高校把注意力集中到教育自身，以使高校从"溶解"于政府和市场的客体，提升为自觉把握教育规律，按照教育规律的要求和社会发展需要不断完善自身的主体。

在我国，高等教育评价是一项政策性很强的工作。在评价实践中，很容易将国家和政府给定的、无可争议的教育方针作为评价高校办学实践的准绳，出现高校"唯教育方针化或政治化的倾向"。实际上，高校"是由相同的理念或理想，而非由行政力量，所形成的富有生命力的有机体"。高校应该按照学术规律和知识规律、按照人的素质发展规律而非是政治和经济规律建设和发展，因此，高等教育评价不能仅停留于技术、操作和方法层面，而应引导高校从"贯彻教育方针到探寻大学理念"，从而促使"大学内在逻辑的彰显及大学回归自身"。

二、我国高等教育评价标准的价值建构

当前，社会公众接受高质量高等教育的迫切需求与优质高等教育资源严重短缺之间的矛盾日益凸显，高等教育发展的重心已经从规模的扩张转向质量的提高。相对于上一轮本科教学工作水平评估，新一轮评估的性质、指标体系和评估方法应更加重视引导高校科学定位，更加重视推动高校自主办学、自我约束、形成特色、多样化发展。

（一）确立高校在大学制度创新中的价值主体地位

高等教育作为培养人才的专门活动，已经过了一个漫长的历史发展过程并趋向成熟，形成了自身内在规律。高等教育的制度创新必须以固有的传统为基础，不能破坏大学作为学术组织的发展逻辑和压抑制度创新的主体地位。大学作为学术性自组织，学术组织视野中的大学制度创新是把大学当作学术组织来建设，大学发展的自主性逻辑决定了大学组织理应成为制度创新与制度运作的当然主体。

虽然我国大学制度经历了多次变革，但变革动力更多地来源于政府的意愿以及政治、经济发展的需求驱动，遵循的是行政的逻辑而并非学术组织的自主逻辑，实施制度变革的主体是政府而不是大学自身。长期以来，政府不仅掌管着大学发展的全部资源，而且包揽了招生与就业、教学与科研、课程设置与专业调整等大学活动的一切方面。

办学权力自主化是高校法人地位确定、巩固的重要标志。早在1993年，《中国教育改革和发展纲要》就已提出："要按照政事分开的原则，通过立法，明确高等学校的权利和义务，使高等学校真正成为面向社会自主办学的法人实体。要在招生、专业调整、机构设置、干部任免、经费使用、职称评定、卫资分配和国际合作交流等方面，分别不同情况，进一步扩大高等学校办学自主权。"随着行政体制的变革以及市场经济体制的逐步建立，必须通过制度创新还大学以主体地位，鼓励大学进行适应自身实际情况的自主制度创新，从而使大学真正走向自主发展的轨道。

（二）明确高等教育评价的价值建构意义

高等教育评价首先反映出的是评价理念和办学理念的问题。一个取向不合理的评价会

限制高校的自由和个性,阻碍高校内部积极性的发挥,成为高校自由探索精神的"压迫者"。目前我国高校教学评估的缺陷与不足"并不是技巧上的疏漏,而是评估自身的本质困难所导致的"。

受我国政府行政性评估的影响,目前我国高校教学评估的国家意志突出,行政干预明显,评估本身的独立性和专业性还不强,学术品质相对欠缺。由于"运动员"与"裁判员"角色合一,致使这种不自由的评估带有浓厚的"慈父主义色彩"。评估被赋予了太多的外部期望,承担了太大的外在压力,对现实和物质的关注远远超过了对大学理想和精神的追求。

政府主导评估在我国现实的社会环境和教育体制下是合理合法的,如果强大的外部干预力量强行地将高校纳入一种缺乏教育价值关怀的评价轨道,高等教育评价就会变异成一个单纯代表着特定集团利益、以外在目的与功利为取向的政治权力的运作过程,与具有超越品格、以追求普遍真理和长远价值理想为宗旨的高校不在同一轨道。这不但不利于高校的健康发展,而且也不利于建构高等教育本身的价值意义。

大学是有理想的,是追求卓越和志存高远的。与现代高校的根基——学术自由相一致,高等教育评价作为一种通过判断推理去旧创新,规范和引领高校发展的制度,自由自觉的超越品性和追求卓越的远大理想,应是高等教育评价本身的生命价值意义追求。高等教育评价自身应树立主体意识,从大学的理想与追求出发,遵循评价自身信奉的教育理念和教育哲学追求,而不是完全听从于决策者的主观意愿。唯有当高等教育评价本身由工具升华为自在的目的,才能有效地发挥其作为手段对高校的促进功能,才不至于沦为一种单方面规定高校发展的"压迫"性制度。

（三）遵循基于大学主动发展的高等教育评价准则

高校的教学具有"中间过渡性"特征,高等学校要追求理想讲求学术自由、弘扬创新精神,走个性与特色发展之路,为此,高等教育评价标准应摒弃传统的预成性的思维方式,树立现代生成性的思维方式,从强调高等学校一致性及相似性的取向,转为确认和鼓励高等学校的独特性和特色性,鼓励高等学校根据地域与经济水平的不同,采取不同的方式、层次和途径,认清自己的实力和职责,以特色增强高等学校自身的生存和发展机能,以特色争得自身的生存空间,增加竞争力。

高校本科教学工作评估的实质是检验学校的三个"符合度",即学校自己所确定的目标(学校的定位和人才培养目标)与社会要求及人的全面发展和学校实情的符合程度;学校实际工作状态与确定目标的符合程度;学校所培养的人才质量与自定目标的符合程度。各高校的历史起点不同,学科优势不同,性质、层次迥异,各校追求的目标不可能完全一致,实现目标的途径、方法、手段以及达标的程度亦各不相同,他们在不同阶段、不同层次、不同环节、不同领域都有各自的最佳和最优。只有使高校感到评价确实能够评出符合自身情况的办学水平、教学质量、社会声望以及存在的问题,高校才会从评价中得到裨益,才会促进高校前进和发展。

高等教育评价标准不仅有对高等学校行为规范的工具价值，更具有引导高等学校主动发展的理性价值。高等教育评价要充分考虑评价标准的价值特性，不应局限于对教育教学的每一个细节做出反映，而要抓住高等教育教学的一般规律以及教育理念上共同的价值观，从目标要求、条件保障、制度保障、环境保障、文化保障等方面构建一个将"以人为本"贯彻始终的评估指标体系。这样的评价标准才会真正地发挥出高校办学的指挥棒作用，即规约着高校中各种行动者的教育教学行为，又给各利益主体提供了自由发挥的空间，而不至于使高校自由探索的生命活力在规范的框框里受到压抑。

（四）突出分类指导，完善评估指标体系

"一个不合理的评估体系会把某些学科置于适合于其他学科的框架之内从而阻碍了它的发展。最终使大学里性质各异的部分结合在一起的是它们相互独立性和共同对真理的执着追求。"

随着高等教育规模的不断扩大，学校和学生的层次性和多样性更加明显，传统的统一政策和"齐步走"的管理办法已经不能适应现代高等教育发展需要，分类指导就显得非常必要和及时，为此，应积极研究高等学校分类指导、分类管理的政策和制度，引导各级各类高校合理定位、有效分工和相互合作，不同层次和不同类型的高校根据自身特点科学定位，制定科学合理的发展战略和规划，形成各具特色的人才培养、科技贡献和社会服务方式。

在教育部颁布的《关于进一步加强高等学校本科教学工作的若干意见》（教高 [2005]1号）中，明确提出"重视不同类型高校的办学定位和特点，按照分类指导的原则，进一步完善教学工作评估指标体系"。根据我国高等教育改革和发展的需要，以及分类指导的要求，教育部在现有的评估方案基础上，已经针对特殊类型的高校，分别制定了补充说明。比如医药类院校已经制订了指标体系的补充说明，重点建设的高校及体育类、艺术类高校评估指标也做了调整说明，并在 2006 年 10 月评估的高校中开始使用。

借鉴国外高等教育评价的有效做法，以及国内首轮本科教学工作水平评估的经验教训，应针对不同类型的高校采取不同的评估方式，设计不同性质的评估指标体系，确定不同的评估重点。钟秉林认为，可将高校分为三类：第一类是设有研究生院或具有博士学位授予权的高校；第二类是具有硕士学位授予权或取得本科学历授权 12 年以上的高校；第三类是取得本科学历授权 12 年以内的高校。对于第一类高校和第二类高校，原则上采取质量审核方式，但在审核标准和组织实施上体现出两类院校的差异性，以推动学校多样化发展。其中第一类重点审核包括使命和目标、内部质量保证体系、教学改革与创新成果、办学特色；第二类重点审核内容使命和目标、内部质量保证体系、教师资源和教学条件、教学改革与管理服务、学生学习效果等；对于第三类高校，原则上采取质量认证方式，重点认证内容：人才培养目标与规格、内部质量保证体系、办学条件、教学管理与服务、教学建设与教学效果等，以保证基本的办学条件和培养质量。

第四节　高等教育评价标准的冲突与协调

评价标准的价值冲突是价值判断最根本最本质的冲突，其实质是价值主体需要和利益的冲突。高等教育评价标准冲突的实质是政府、高校、社会等多元价值主体需要和利益的冲突，表现为政府和社会对高等学校的外在规范价值和高校自主发展的理性价值的冲突。高等学校既是高等教育评价的对象，又是基本的价值主体。在高等教育评价中，高等教育评价价值主体的多元化及其地位的特殊性使得高等教育评价标准的价值冲突表现得尤其明显和复杂，下面以美国院校认证制度为例做以分析。

一、美国院校认证标准中的价值冲突

美国的院校认证制度尽管在维持本国高等教育高水平发展中起着不可忽视的作用，但由于评价主体与价值主体地位的不同一、价值主体需要的多样性以及评价主体自身的成熟程度等原因，美国院校认证标准的价值冲突主要表现为几个方面：

（一）认证标准的表象性与教育质量的深层质性

20世纪70年代末和80年代初期，许多学者通过对认证标准与教育质量相关性的研究指出，现行的认证标准与教育质量之间的相关性还存在着很大的疑问，认证标准关注的都是那些与教育质量关系不大的因素，根本无法保证院校的教育质量。他们认为六大区域认证组织的标准主要集中在院校的目的和目标、组织和行政、财政、体育设施、图书馆、学生服务以及师资专业等方面。事实上，这些并不是教育质量的决定性因素。认证组织虽然在政策上倡导对教育质量进行直接评估，但所使用的手段却是一些间接性的、非决定性的标准。时至今日，经过这么多年的标准修订和政策改革，这一问题仍然没有得到很好的解决。2002年10月初，众议院的"21世纪竞争力委员会"（Subcommittee on 21st Century Competitiveness）召开听证会对高等教育认证的作用进行评价。委员会主席、众议员霍华德麦基翁说："我特别关注的是认证机构强加于院校的那些评估标准与学术质量几乎毫无关系。"

（二）认证标准的单一性和高等教育机构的多样化

由于美国院校认证是由作为外部评估机构的中介组织来实施评估，评估标准单一，难以反映机构任务的多样性，常常遭到一些被评机构的抵制。例如，在新墨西哥州，报告卡招致了许多学校的批评，学校认为不同院校、不同使命以及学生的多样性使得院校之间的比较往往不可靠，或者几乎不能反映院校的绩效。

此外，随着高等教育普及化，学生构成发生了变化，非学位专业学生、非全日制学生、少数民族学生、女性学生以及大龄学生人数的大大增加，给学习目标、学习方式、课程内容等带来一系列变化。在这样一个对所有人开放的高等教育系统中，学术质量该如何定义和评价，这对高等教育系统的认证制度来说是一个巨大的挑战。

（三）认证标准的政府问责与高校的主动发展

美国联邦政府自 20 世纪中期起，开始涉猎对认证制度的问责。近年来，联邦政府对于认证制度问责的力度大大加强。2002 年 10 月，参议院下属的一个分委员会召开了一次听证会，会议认为，美国的认证制度不能保证学术质量，导致学费上涨和大学成本增加，因此应该增强对其的问责力度。联邦政府对于认证的问责实质上是对整个高等教育的问责，这是国家加强对于高等教育质量管理的一项重要举措。

随着问责运动的进一步深化，高等教育质量的定义和管理已不再被认为是高等教育专家的独控领域，公众要求更直接、更广泛地参与认证。当前，各种利益攸关者直接参与同行评估已成为院校认证的鲜明特征。如何满足日益紧迫的政府、公众对于高等教育的问责成为认证制度所面临的一项重大挑战。

二、美国院校认证标准的价值协调

价值冲突的协调是通过评价标准的价值选择实现的。选择评价标准的实质，就是在主体与对象之间所形成的或可能形成的多种价值关系中，选择与主体的某些需要相联系的价值关系作为评价活动的标准。选择评价标准主要是看哪些标准更合理、更恰当，而不是判定标准的真假。

阿什比曾说，任何类型的大学都是"遗传"与"环境"作用的产物。这里的遗传是指大学作为学术机构所需要的自由精神；环境是指与大学相互影响的社会。从环境的角度来讲，评价高等教育的功能应看它是否起着社会发展"服务器"作用，是否承担更多的社会责任和义务。从遗传的角度来讲，评价高等教育应看它是否坚守学术自由的质，因为"学术自由是大学成员自我认同的核心因素"。

高等教育评价标准的目的并不是要用一个统一的标准来要求各学校，而在于帮助各学校实现它们为自己确定的标准，促使各高校能够保持在一个基本相当的质量标准下独立自主地开展自己的教育教学活动。美国院校认证标准的价值协调主要表现在以下几方面：

（一）基于动态发展的价值生成

美国高等教育认证机构虽然在院校认证标准内容上有特别详细的说明，包括每一项目需要提供哪些方面的材料等都有明确的规定，但是这些标准并没有从形式上给予严格的要求，而是只要达到其目的就可以。这样就使得各高校可以从自身的特点出发，选择适合自己的发展路径。中介机构的认证没有绝对划一的认证标准，只是对学校的办学理念、教学、科研、服务等方面做出引导性的要求，体现出一种动态性的评价观。它们重视评价高等学校各方面工作的进展，要求学校重视上次鉴定中发现的缺点是否改正和未来的效果，基本质量评价不做横向比较，特别是通过让各个高等学校制定不同层级的办学标准，评价其在原有的办学条件与办学水平上的进步与提高。

（二）基于个性发展的特色评价

美国院校认证一直避免走向标准化歧路，在认证标准方面，尽管不同类型的评估和不同历史时期所强调的重点不同，但都力求能够照顾到评估院校的办学特色。美国的认证组织和机构 20 世纪 90 年代提出新的理念，提倡充分考虑到不同层次学校的不同特点，鼓励学校自己制定办学宗旨和目标，自己提出应该如何实现并达到这些目标，根据不同的高等院校的不同目标对高等学校质量进行评价，强调高等学校形成自己的特色。机构认证首先从学校自评（self-study）开始。同行专家的评审和检查工作则重在考察目标是否合理、恰当，措施是否得力、有效，最终是否达到了目标。这种重事实、重表现、给学校留出足够发展空间的认证评审有利于调动学校的积极性，促进学校改进工作，提高教育质量，使学校办出特色，实现多样化发展。

（三）基于深层定性的证据分析

起初美国所有高等学校认证都采用同样的量化标准，第二次世界大战以后，认证标准由准则化代替了原有的标准化，不再对所有学校采取相同的认证标准，而是根据学校自己制定的目标来对其进行评价。在评价方法上，普遍以学校自评、同行评价为主，并重视实地考察的作用。

如今美国院校认证的标准更多采用的是深层定性，非常重视"证据"（evidence），而这些"证据"不仅仅是数据，更多的是相关事实和信息的收集和整理。以 2003 年美国中北部认证协会的认证标准为例，其指标体系以定性描述为主，各指标没有定量要求，而且，在认证的实施阶段，认证人员一般先与院校领导者会谈，确定需要收集的各种资料、信息以及收集方法。质量信息的收集工作，主要通过查看教师档案、学生成绩、试卷以及与院校各类人员进行访谈、座谈的方式来完成。

参考文献

[1] 高伟 . 生存论教育哲学 [M] 北京：教育科学出版，2006

[2] 顾明远 . 教育大辞典 [M] 上海：上海教育出版社，1991

[3] 袁振国 . 中国教育政策评论 2004[M] 北京：教育科学出版社，2004

[4] 王坤庆 . 现代教育哲学 [M] 武汉：华中师范大学出版社，2001

[5] 贺祖斌 . 高等教育生态论 [M] 桂林：广西师范大学出版社，2005

[6] 赵文华 . 高等教育系统论 [M] 桂林：广西师范大学出版社，2001

[7] 胡建华等 . 高等教育学新论 [M] 南京：江苏教育出版社，1995

[8] 施晓光 . 美国大学思想论纲 [M] 北京：北京师范大学出版社，2001

[9] 张应强 . 高等教育现代化的反思与建构 [M] 哈尔滨：黑龙江教育出版社，2000

[10] 张楚廷 . 高等教育哲学 [M] 长沙：湖南教育出版社，2004

[11] 王孝玲 . 教育评价的理论与技术 [M] 上海：上海教育出版社，1999

[12] 陈漠 . 开高等教育评价概论 [M] 长春：吉林教育出版社，1988

[13] 王斌华 . 发展性教师评价制度 [M] 上海：华东师范大学出版社，1998

[14] 王建成 . 美国高等教育认证制度研究 [M] 北京：教育科学出版社，2007

[15] 王汉澜 . 教育评价学 [M] 开封：河南大学出版社，1995

[16] 王致和 . 高等学校教育评价 [M] 北京：北京师范大学出版社，1995